好教练胜过好老板

心　烛◎著

中国财富出版社

图书在版编目（CIP）数据

好教练胜过好老板／心烛著．—北京：中国财富出版社，2017.3

ISBN 978－7－5047－6402－7

Ⅰ.①好…　Ⅱ.①心…　Ⅲ.①企业领导学　Ⅳ.①F272.91

中国版本图书馆 CIP 数据核字（2017）第 026799 号

策划编辑　姜莉君　　**责任编辑**　单元花

责任印制　方朋远　　**责任校对**　孙会香　张营营　　**责任发行**　邢有涛

出版发行	中国财富出版社		
社　　址	北京市丰台区南四环西路 188 号 5 区 20 楼	**邮政编码**	100070
电　　话	010－52227588 转 2048/2028（发行部） 010－68589540（读者服务部）		010－52227588 转 307（总编室） 010－52227588 转 305（质检部）
网　　址	http://www.cfpress.com.cn		
经　　销	新华书店		
印　　刷	北京京都六环印刷厂		
书　　号	ISBN 978－7－5047－6402－7/F·2715		
开　　本	710mm×1000mm　1/16	**版　　次**	2017 年 3 月第 1 版
印　　张	14.25	**印　　次**	2017 年 3 月第 1 次印刷
字　　数	191 千字	**定　　价**	35.00 元

前　言

好教练胜过好老板

最近几年，在培训的过程中，很多老板及企业管理者都会问到同样的问题：如何才能当好一个老板？如何才能当个优秀的领导者？很多时候，我都会给他们提供一些建议。有时候，也会和他们进行简单的讨论。可是，当提问之人越来越多的时候，我终于发现，原来这已经成为众多领导者共同关心的问题。

如今，“教练式领导”方式作为一种新型的管理方式，已经逐步取代了集权式管理方式，并被很多企业所采用。华为总裁任正非就曾提出过一个观点——让听得见炮声的人来决策。

教练式领导，不仅可以帮助下属自主发现工作目标、将个人目标融入团队目标，还能够使其在组织中以最大的热情和创造性来工作；不仅可以充分调动员工的工作积极性，还可以帮助其提高工作能力，高效地完成工作目标。

这种管理方式，领导者对下属更强调双向互动，他们会频繁地使用激励、启发和诱导等手段，以教练的方式激发下属。如果领导者还沉浸在集中式指挥和行政式管理的美梦中，觉得自己高高在上，是无法运用教练式领导方法的。

为了给各位企业领导者以启发，我们特意编写了这本书。这本书一共分十章，对教练式领导作了解读：

第一章讲述了运动场和企业的关系，强调了教练式领导的重要作用。

第二章讲述了教练和企业领导的异同，让我们对二者之间的差异和共同点有所了解。

第三章主要讲的是如果想培养自己的教练型领导力，就要不断提升个人素质。

第四章介绍了使用布阵法制定企业发展战略的方法。

第五章讲的是要为员工打造一个像运动氛围一样的工作氛围。

第六章简述了市场格局对于阵形组合的影响以及选择最佳阵形组合的具体方法。

第七章讲述了运动装备对于员工工作的重要性。

第八章介绍了提高员工工作积极性的多种方法。

第九章讲述了优秀的团队对于企业发展的重要性和具体打造团队的方法。

第十章介绍了如何才能成为一名好教练。

当然，要想实现从传统行政式管理到教练式领导的升级，关键就在于领导角色的转变和心态的调整。所有这些理念和假设看似简单，却是对企业领导者价值观的直接拷问。

这本书，案例典型，方法得当，语言朴实，适合每一个管理者和领导者阅读。相信读完之后，读者一定会有所触动。一定要记住：好教练胜过好老板！

作　者

2016 年 12 月

目 录

第一章

从运动场到企业经营

绩效：竞技运动与企业存在的共同目的

体育竞技的本质就是竞争，比如奥运会，全世界的运动健儿，十年如一日地刻苦训练，就是为了能够登上奥运会万众瞩目的最高领奖台，为国家争得荣誉。有些人获得了世界冠军，比如刘翔、王濛、孙杨；有些人还在为最高荣誉奋斗，这些默默无闻的运动员，重复着艰苦的训练，只为突破自我，不断提高。

体育，是力量和技巧的竞争；工作，是头脑和能力的竞争。李嘉诚告诉过每一个人："每位员工的薪水，都取决于他为企业创造的价值。"比尔·盖茨也曾说："能为公司赚钱的人，才是公司最需要的人。"

企业存在的目的，是获取商业利润；员工存在的意义，就是为企业创造更多的价值。相对而言，企业就会给员工更多回报，比如薪水、福利。企业应该让员工明白，他们的努力，会换来好的业绩，而好的业绩会给企业带来效益，企业效益好，他们自然会获得更多回报。如此一来，员工就会形成良性的工作心态，持续为企业创造更多财富。

对于企业来说，结果是最重要的。领导者可以从过程中发掘员工潜力，但不能仅仅把目光放在他们的工作过程上。如果一个员工，辛苦地工作，忙碌却十分缺乏效率，无法在规定时间内完成业绩，就不能断定这是一名合格的员工。因此，业绩目标对员工来说，是一个很好的激励，有目标，才有动力，才能激发无限潜能。

同样，企业也要制定合理的绩效目标，并作出科学的考核标准，给员工充分的发展空间，并让他们看到提升自我能力的可能。不要一上来就砸下个大任务，员工一旦被压力击垮，就会丧失自信和勇气，变得消极怠工，最终影响企业效益。

员工的价值，体现在能为企业创造多少业绩；而企业的价值，则在于能为社会创造多少财富。因此，是否把绩效作为企业管理的出发点，考核员工价值，是企业管理成败的重要依据。

在某公司的季度绩效考核会议上，营销部经理作出季度报告："上季度销售业绩不好，我们有直接责任，但是根本问题不在我们。我们的产品不够新颖，很多以前的市场，都被竞争对手的新产品给挤掉了。所以我认为，主要责任在研发部。"

听了这话，研发部经理坐不住了："新产品少，不能全算在我们头上。我们部门上季度预算严重缩水，根本没有钱开发新产品。这个问题应该问问财务部。"

既然被点了名，财务部经理不紧不慢地说："我们的确削减了一部分研发部的预算，但公司成本居高不下，采购部那里总说资金不够，我们总得从能省的地方省吧！"

这时，采购部经理不乐意了："采购成本上涨，还不是因为俄罗斯的矿山发生事故，导致不锈钢价格飞涨吗？"

说来说去，几个经理终于搞清楚了，原来主要责任都不在大家身上。最后，人力资源部经理无奈地表示："看来，只能找俄罗斯矿山去问问了。"

员工业绩是其价值的最有力证明，没有业绩的员工，就是在对企业进行“剥削”！企业的资源，是维持企业生存和发展的能源，员工浪费公司资源，却没有创造丝毫效益，企业就会因此止步不前。企业作为经营实体，利润是其发展的生命线，每个员工都应该为此而贡献才智和力量，这也是实现自我价值的最好途径。没有企业会雇佣无法创造价值的员工。

在当下，绩效管理依然保持着新鲜的热度。为了实现目标，团队必须针对员工进行管理。管理者要参照每个员工的工作行为，审核他们的工作结果是否与团队目标一致，最终判定员工是否创造有效价值。

企业可以把绩效管理放到企业的日常管理、流程管理中，三者本质上的相通性，会使得企业管理者事半功倍。这三者的共同目的有以下三点：

①实现企业的经营目标，完成整体效益的提升。

②找出企业管理漏洞并予以完善，提高团队的整体协作力。

③提高员工个人能力，激励员工自我进步。

不善利用绩效进行管理的领导者，不是一个优秀的领导者，要让企业发展壮大，就要用绩效管理你的员工。

另一个关键点是，绩效的考核标准要统一，并且要根据实际情况，制定公平合理的审核标准。好的审核标准，要在保证公平公正的同时，起到激发多数人的积极作用。要让员工通过这样的审核，提高工作效率。而且，你的审核标准，要能使员工通过努力，获得更多的收入回报，否则他们就会失去工作热情。

什么是获取盈利的根本

盈利，是所有企业的终极目标，不管企业为自己和员工描绘一个多么华丽、生动的理想，都逃不开追求利润的本质。

利润，也是一个企业生存的最根本理由，就如同员工赚取报酬，也是生活的最基本需求。员工为企业劳动，劳动创造业绩，业绩给企业带来利润，企业通过盈利，给员工支付报酬，而员工得到报酬的多少，又直接影响着他的工作态度。

因此，企业领导者，上要为公司谋取利润，下要为员工提供生活保障，这就是身为领导者的责任。优秀的管理者，能够把企业的盈利点放在源头上。著名的管理学大师德鲁克在自己的论文中提出：企业的最主要功能就是营销和创新，有了这两点，才能创造更多客户。

我们来分析一下他的论点：营销和创新的最终目的是创造更多客户，那么要这么多客户干什么？当然是创造更多利润。所以说，企业的生存之本，就是利润。无法实现盈利，所有理论都是伪命题。但利润只是基础，当一个企业达到盈利目标后，它也会产生新的其他目标。

资本是公司成立之初的必要投入，之后的每一笔资本投入，目的都是实现公司利益的最大化。如果公司的管理者，不能从源头上为公司带来利润，就不能胜任这一职务，迟早会被淘汰。

在每个公司，管理者的岗位永远不会只坐着一个人，坐得最久的一定是真正能为公司盈利的人。

一次一位贵族要出远门，走之前，他叫过三个仆人，分别给了他们不同数量的银币，让他们自由创造财富。

过了一阵子，贵族回到家，把这三个仆人召集起来，询问他们经商的结果。

第一个仆人拿出两个袋子，里面分别放着5000枚银币。仆人说：“主人，我用你给我的5000枚银币，又赚回了5000枚。”主人高兴地赞赏了仆人，并把家里的很多重要的事情，都交给他管理。

这时，第二个仆人也拿出两个袋子，里面分别放着2000枚银币。主人也很高兴，把不太重要的事情交给他做。

第三个仆人很久才来到主人面前，他打开有些发黄的袋子，兴奋地给主人看："看哪，主人，您走时给我的1000枚银币，我完好无损地埋在地里。知道您回来了，我就把它挖出来了。"主人脸色阴沉，随即对这个仆人又打又骂："你这个愚蠢、懒惰的仆人，我的钱都被你浪费了！"

最后，主人把这1000枚银币，统统交给第一个仆人。

第三个仆人以为，没有丢失主人的金钱，就是做对了，却没有领悟主人交给他钱的真正意图。这个保值的举动，看似没有触犯主人的利益，但实际上却没有将钱用到实处，没有让它产生更多利润，就是对本钱的浪费。主人的做法，就是希望仆人能够想方设法超越自己，创造更多价值，而第三个仆人却选择平庸，得过且过，最终一无所获。

这就是经济学中著名的"马太效应"。

企业存在的意义就是盈利，而为企业盈利就是管理者的天职。老板给项目每拨出一笔资金，就是给项目管理者的一份信任，管理者要带领自己的团队，在保住本钱的前提下，创造高于本金数十倍的财富，才不算辜负自己的职责。反之，如果资本在你手中没有实现增值，就像故事中的最后一个仆人，只能被企业当作愚蠢又懒惰的员工。

可以说，作为一名管理者，不仅要做好员工的管理，为公司赚钱也是一种义不容辞的责任。如果你想在竞争激烈的职场中进一步发展，创造一个管理神话，或者是一步步成长为一个优秀的企业家，就必须牢记，学会为公司盈利。

真正的管理者是自己想办法为企业创造财富的人。哪怕你是技术、能力最强的一个，但这并不表示你是最值钱的。只有那些有长远目标、有想法、有创意、能为公司赚到钱的管理者才是最棒的。

优秀的教练与成功的企业家

在竞技体育领域，每一个辉煌成绩的背后，除了运动员的辛勤努力，教练是最为关键的因素。教练，不仅是运动员的伯乐，更是他们前进的明灯。优秀的教练员，拥有慧眼识才的能力，并且满腹经验，训练方法科学合理，能够发现运动员的潜在能力，并帮助他们不断超越自我，创造更辉煌的成绩。

他们专业、扎实的训练知识和娴熟的训练技巧，让运动员不断获取积极的“正能量”，并自觉听从他们的管教和指导。艰苦的训练，让运动员比其他行业的人更容易产生负面情绪。优秀的教练员，还会和运动员建立深厚的友谊，给予他们足够的温暖和关怀，于运动员既是良师，也是益友。

管理者之于员工，就如教练之于运动员，其重要性不言而喻。企业管理和训练管理，在某种程度上，有很多相似性。俞敏洪就曾总结出，企业家应该具备的四大要素：一是信任；二是交流能力；三是学习能力；四是判断力。

1. 信任

作为企业管理者，信任是基础。建立你与企业间的信任，企业会把最重要的项目交给你；建立你与员工间的信任，员工会加倍努力工作。这种信任不是嘴上说说而已，只有真正为企业着想、为员工着想，才能建立牢固的信任。管理者的信誉一旦失效，就再难挽回。

2. 交流能力

管理者位于企业中层，是各个环节的连接人，只有保持上级与下级的有效沟通，才能让工作顺利进行。和员工保持亲切、良好的沟通，了解员工所需，有助于及时解决问题，为团队发展扫清障碍。

3. 学习能力

作为管理者，要一刻不停地要求自己学习新知，以应对风云变幻的行业市场变化。而且，只有不断提高自我专业修养，才能给员工作出好榜样，激励他们持续突破自我。

4. 判断力

这是优秀的管理者必备的能力。我们该怎么提高团队竞争力？面对权力，我们是放还是不放？如果员工产生迷茫或消极情绪，该怎么办？精准的判断力，会帮助管理者在这些问题来临前就做好迎击的准备。

乔布斯曾说，他的决策通常都是凭直觉而做的。很多国内的企业家，在交流经验时，也经常提到自己的“直觉时刻”。那么，我们是不是凭直觉就可以管理企业？并非如此。这些直觉，是建立在理性分析基础之上，经过无数次验证，得到的惯性思维，不是拍拍脑袋就能实现的。

一次，俞敏洪和朋友去锣鼓玩。一行人车行在草原公路上，一望无际的花海吸引了他们的注意，有人提议停下来拍照，于是他们下了车。俞敏洪看到不远处有一座不太高的小山，于是鼓动朋友一起去看看。可是，当他们看到一圈铁丝网，其他人都退缩了，只有俞敏洪一个人坚持要去。

这时，朋友们开始猜测这个铁丝网的用途。有人说是牛圈，有人说是鸡笼，还有人说是猎人设的陷阱。朋友们都犹豫不决，却没发现，俞敏洪已经悄悄爬了进去。朋友开玩笑说，再往里爬，说不定就被猎人给枪毙了，但俞敏洪不为所动。

最终，当他爬过铁丝网，看到了更加美丽的风景。

当我们眼前出现障碍时，本能的反应是躲避危险，但恐惧蒙蔽了理智，也许它就只是一道铁丝网。很多人都像俞敏洪的朋友一样，在困难面前徘徊不前，怕判断错误，怕付出代价。

企业管理者也是如此。如果没有冷静的判断和勇敢的决心，是不可能带领团队完成突围的。一次躲避，两次躲避，三次、四次……如此下去，团队的竞争力就会越来越弱，管理者的威信也会一步步动摇。只有不断战胜自己，勇敢地跨过这道铁丝网，团队才能成长，企业才能前进。

管理者就是企业的领航人，不仅要为员工指明方向，还要为员工建立精神支柱。管理者的言行、气质、风度、处事原则，都会形成独特的个人魅力。管理者就是员工效仿的榜样；管理者的意志，就是员工的精神依靠。一个具有过人实力的领导者，必然具有相当的领导能力。

作为一名管理者，无论在何时何地，一定要记住：管理靠的不是权力。领导力是一种影响力，或者说人格魅力，管理的时候更多的是靠权力管理，不能让员工自愿地服从，长此以往，管理者的工作就会处处碰壁，出现各种危机；反之，如果能用你的人格魅力去征服员工，让他们心悦诚服，你的管理之路将会越走越宽、越走越远。

优异的成绩在教练，成功的企业在老板

赛场上，战无不胜的队伍几乎是不存在的，在比赛过程中，总会暴

露各种问题。从另一个角度来说，一个战队总是要在暴露问题和解决问题中逐渐变强。而在这一过程中，教练起着决定性作用。

正所谓“当局者迷，旁观者清”，教练指挥正确与否直接影响比赛的优势和劣势、主动和被动。教练在关键时刻面授技巧，往往会扭转战局。

在竞技赛场上，任何情况都有可能发生，比赛胜负多数取决于实力强弱，但反常规的以弱胜强也时有发生，这主要取决于教练的超水平指挥。特别是团队对抗赛，队员的排列组合、个人技能位置的安排、战术的灵活运用、团队士气的调动，这些都是影响比赛结果的重要因素，而这些因素，都掌握在教练手中。

每一次的比赛，都是一场新的战役，教练需要挑战的是临场指挥。即使赛前有充分的准备，即使教练有丰富的指挥经验，即使熟悉每一个运动员的特点，现场仍然会出现很多意想不到的意外。在比赛现场，教练要把握好首发阵容；要判断赛事走向；要在关键时刻换人；要调整队员情绪；要和裁判进行交涉；要不停根据形势调整战略……任何一个瞬间的决定，都会影响比赛结果。

可以说，教练必须把智谋、心态、情绪和判断力等调整到最佳状态，才有可能指导团队发挥正常水平，甚至发挥出更高水平。

企业中存在着这样的信条：企业的成功，老板有99%的功劳；企业的失败，老板有99%的责任。哪个企业家不希望自己的企业顺风顺水，利润天天涨，规模年年大？但经济社会，有竞争、有风险，不敢承担风险，就不会获得可观的利润。那么什么样的企业，才具备更强的竞争力？答案是：老板竞争力强的企业。一个企业的最高指挥者，应该具备其他人都不具备的强大竞争力，才能把企业小船逐渐扩建成航母，并作出正确指挥。

要想让企业之船乘风破浪，在瞬息万变的商业浪潮中激流勇进，高层领导者是绝对的灵魂领袖，他的决策直接关系着企业的生命，兴衰成败皆在领导者之手。

事实上，领导者个人专业素质、技能水平，甚至智商，都不会差太多，拉开他们差距的，是胸怀。一个人有多大的胸怀，就会有多大的抱负，就能成就多大的事业。企业的竞争，归根结底就是企业家胸怀的竞争。

有句话说得好："小成靠德才，大成靠胸怀！"任何成功的企业家，都会经得起成功的考验、失败的磨砺，真正能胜不骄、败不馁的企业家，才能成就一番大事业。

心理学家指出，胸怀对于企业家来说，是成功的基本素质之一。吸引八方能人志士的企业家，绝不仅靠自己的聪明才智，只有具有像大海一样的广阔胸怀，才能吸引一批又一批的优秀人才，汇集在企业中。这样，面对任何波澜，领导者才能从容应对、泰然处之；才能为每一位员工着想，为员工创造最理想的工作环境，员工也自然乐意奉献自己的力量，为企业带来经济效益。

可是，在现实中，很多企业的领导者顶着"难得糊涂"的处事原则，表面上大胆放任下属自由发挥，实际上心却比针还要细。这样的领导者，会计较业务员有没有超额支出差旅费，会计较销售员下了多少成本给客户优惠。他们总是忙于计算企业的小钱小利，甚至算计到每一个员工身上。

多数公司，都会分为老板、经理和员工三部分。三人各司其职：老板做人，经理做事，员工做技。这是公司最基本的树状结构网，处在最末的员工，必须应对繁杂的技术工作；处在中间的经理，不仅要管理好手下的员工，还要协调好上级；而老板，处在结构的最上端，决策是他们最重要的使命。如果老板不清楚自己的位置和使命，过分接触下面的分支事物，会给企业运作带来不便。

员工犯错，第一时间出面解决的应该是经理，而非老板或高级管理者。老板有时需要隐藏自己，站在团队外围观察，如此才能从客观上发现问题，才能正确解决问题，团队才能良性发展。换句话说，就是让企业领导人，充分下放权力，除了最终决策权，要给予下属足够的权力，让自己真正做到“无为而治”。

权力下放，获得的不仅是下属的信任，更重要的是，能给下属充分提升自我的机会，这样也会无形中培养出一批能干的经理。

要让自己成为企业的“第三者”，需要企业家具有过人的魄力，但这样，就可以为自己立“威”，给下属立“权”，整个团队的凝聚力才会提升。

刘翔不是一个人在奔跑，但阿里巴巴是马云的阿里巴巴

赛场上，刘翔可以旁若无物，专注于面前的百米栏，运用自己的技能，一路“飞”到终点。而旁边的教练却不能眼中只有刘翔一个人，必须着眼于整个赛场、着眼于所有的参赛人员。可以说，竞技体育中，运动员是参与者，教练员则是管理者。

企业的管理者如同教练一般，不仅仅只是一个参与者，还是一个站在高处的管理者。你需要高瞻远瞩，为企业的发展指引方向，进行有力的领导。

领导能力不是让员工简单的服从，它是一个行为系列组合体。小到一个家庭、一个课堂，大到一家公司、一支部队，各个阶层领域都需要具有

领导能力的人。他们是团队的核心，为团队树立榜样，提供持续的力量。

简单的一个头衔，或是随便一个职务，都不能代表一个真正的领导。企业的成长，关键在于团队的高级管理者和决策者。一个实力强大的高层管理团队，能够促进团队自身的发展和提升，由此进一步推动企业的绩效增长。

那么，一个成功的领导者应该具备哪些能力呢？

1. 影响力

领导者是整个团队的支柱和指挥，因此强大影响力是必备基础之一。试想，如果一个企业的领导者没有足够的影响力，遇到企业改革，如何抵挡来自各方的抵制和对抗？如果没有足够的影响力，如何将新政策顺利推行？其他任何决策都一样。

领导者的影响力，是把每一个想法变成现实的助推剂。

2. 目标力

目标对团队的重要性不言而喻，美国前国务卿基辛格曾说："领导就是要让他的人们，从他们现在的地方，带领他们去还没有去过的地方。"领导者是带领团队真正做事的人，必须认清现实，为团队制定切实可行的目标，并为下属指出正确的道路，如此团队才能走向正确的方向，发挥有效的作用。

3. 信念力

团队在发展的过程中，一定会遇到这样那样的阻力，如果没有一个信念坚定的领导，团队将成为一盘散沙。企业领导者必须承担起这个责任，成为团队成员最信任的人，成为他们的精神支柱。这样，团队中的每一个人，才会坚守信念，团结一心，克服困难，勇往直前。

4. 沟通力

沟通力对于个人来说，指的就是自我推销的能力，而作为企业领导者，沟通能力是重要的团队“润滑剂”。精妙的口才、风趣幽默的言谈，会很快消除团队成员间的隔阂，解除成员间的误会，加深彼此的信任，最终形成良好的团队默契，并能将这种默契发挥出最大的效用，推动整个团队统一行动、提高效率。

5. 规划力

一个团队的领导者，不仅是优秀的管理者，还必须是优秀的前瞻者，不仅要具备敏锐的目光和灵敏的洞察力，还要为团队的未来作出合理、科学的规划，不断为团队成员指明前进的方向。这样，团队成员才能有持续的目标，并且不会对未来感到迷茫，更不会出现消极、懈怠的情况。如此，才能实现团队和成员的双赢。

6. 表达力

领导者是公司中连接上下级的关键环节，要清楚企业的战略规划，要有足够宏大的市场观察角度；同时，要具备良好的表达能力，把这些大政方针转化成具体工作，安排给下面的执行团队。

领导者要能将复杂的目标和议题，用最通俗易懂的说法，解释给下属听，确保他们充分理解其中的意思，并对此达成共识。这样，才能推动团队沿着正确的方向行进。

7. 人际力

作为企业的领导者，保持良好的人际关系，是极为重要的。这不仅是为自己树立威信，更重要的是，协调团队人际，能在关键的时刻，找到关键的人，并获得有效的支持。有能力获得团队成员信任的领导者，才能带得动整个团队，达成既定目标。

8. 包容力

包容力，是每个领导者必备的职业素养。只要是有人的地方，思想的摩擦、碰撞在所难免，何况我们身处在一个庞大的企业中。有时同事间会产生不同意见，下级也会被下属误解和埋怨，这时就需要上位者具有强大的包容力。

正面对抗的结果，从来都是两败俱伤，对团队而言，更是致命打击。所以，领导者必须得有强大的包容力，否则企业就难以维持平衡，更不可能顺利发展下去。

陈南苹，一个在北京打拼的香港人，很多人都是从富贵园项目开始认识她的。但在这之前，陈南苹担任董事长私人助理期间，就对北京的房地产行业进行了全面考察，并且对富贵园项目了如指掌。

2003 年年底，当董事会把富贵园项目交到陈南苹手上时，一再强调不准她抬高楼盘价格。陈南苹认为董事会太过保守，于是坚持涨价，并且两天后，她把一份多达 20 多页的文件交给董事会。而且，她用了将近一个小时，从富贵园的建筑形式、主力户型、园林设计、配套设施等十几个方面作了详细的解说；并对周边的 6 个项目进行价格、产品和现状的对比分析。她用这些详细的数据，告诉董事会，他们的定价太低了。

最终，董事会被陈南苹说服了，并在第二天调高了楼盘单价。果然如陈南苹所料，销售量不但没有下降，反而飞速增长。之后，陈南苹再次调高价格，销售曲线依然上扬。就这样，富贵园的楼盘，在仅仅三个月里，每平方米的均价竟然涨了 1500 元。

通过这次大胆而成功的营销策划，公司上下对陈南苹刮目相看，董事会也认可了她，她的名字甚至传遍了北京房地产界。

有人觉得，女性因其特有的敏感和情绪化，很难面对短期的刚性压力。但陈南苹向人们证明了：女性管理者，不仅有抗击刚性压力的能力，更有当机立断的过人胆识。

9. 读人力

企业领导者面对的，不只是一些战略、计划，更多时候面对的是人。所以，具备慧眼识人的能力，也是领导者的必修课。

作为团队的领导者，要清楚自己该做什么，下属应该做什么，不该自己插手的，要大胆交给下属去做，万不可事事亲力亲为。当然，向下放权，必须找对人，权力放在有能力承担的人身上，才会发挥价值。否则，不但难以激活团队，还会给企业带来致命灾难。

上位者用人，最讲求人尽其用，把人用在最恰当的地方，就会发挥最大的作用，达到事半功倍的效果。

楚国大将子发是个惜才之人，平时也喜欢结交一些能人志士，遇到有一技之长的人，就将其招至麾下，但从不问其出身，甚至把被人称作“神偷”的人，也视为上宾。

有一次，齐国攻打楚国，子发带领士兵迎击，三战三败，楚军士气低落。子发帐下的众多谋士一时间也找不出好的对策。就在大家一筹莫展的时候，“神偷”主动上前请战，并在当夜，深入齐军营帐，把主帅的睡帐给偷了回来。

第二天，子发假装毫不知情，还派使者给齐军主帅送还睡帐，说是巡逻的士兵在营外捡到的，特意送还。当天晚上，“神偷”改偷枕头，子发派人送还；第三天，“神偷”又偷回齐军主帅的发簪，子发再次派人送还。

这个消息很快便在齐营上下传开，士兵们都很惊讶，齐军主帅更是恐慌：如此厉害的盗贼，下一次是不是会取我的项上人头？

齐军主帅不顾众幕僚的劝阻，连夜逃回国去，齐军不战而退。

每个人都不是全才，每个人都有短板，但同时也有长于别人的地方。所以，作为企业领导人，要能慧眼识人，找对人、放对位，如此便可提升整个团队的效率。最关键的是，选择员工时，不能带着个人情绪和有色眼镜，要客观公正。也许哪天，被你看低的那个人，会成为团队的核心人物。

关于教练技术

何为教练技术

在这里，我们所说的教练，既不是体育教练，也不是汽车教练，而是企业教练、个人成长教练和生命应用教练。

教练是一种有效的管理工具，不仅可以让被教练者了解自己、发挥个人的潜能，还可以最大限度地激发团队的力量，提升企业的生产力。

国际教练联合会是这样给“教练”下定义的：教练是教练与被教练者在人格深层次上的信念、价值观和愿景等相互连接的一种伙伴关系，通过一个流程，设定目标，明确行动步骤，实现卓越的成果。

其实，教练就是一种在教练和被教练者之间进行的有效对话，这种对话是发现性的，有利于被教练者发现问题、发现疏漏，找到答案；这种对话是扩展性的，可以让被教练者看到更多的机会和选择；这种对话也是一种动力对话，可以激发教练与被教练者朝着预期的目标前进，不断挑战自己，提高业绩，力争创造非凡的表现。

教练与被教练者之间是一种教学相长的互动关系，通常教练都不会将具体的方法直接告诉被教练者，只会激励对方自己去寻找方法。和其他方法比起来，教练能够更快、更有效、更轻易地支持员工实现他们设定的事业和个人目标。

教练就像是一面镜子，会通过聆听和发问，了解对方的心态，不仅会区分对方的行为对实现目标是否有效，还会给予直接的回应，使被教练者实现心态上的完善，清晰目标，专注行动，最终创造出更大的成绩。同时，在这个过程中，被教练者的自身素质和能力也会得到不断提升。

第二章 教练与企业领导

教练的工作是什么

体育教练员的日常工作，主要是围绕训练展开的：监督指导运动员，完成训练任务；管理团队，保证队员以良好的状态参加训练；学习、进修，提高自身的训练技能；培训新教练员，对基层训练进行辅导。

1. 教练员的基本定位

（1）教练员在一个团队中，担任着决策者的角色

教练员最重要的职责，就是管理团队，监督和指导队员完成训练任务。同时，教练员也是具体训练任务的设计者、组织者和决策者。教练员应该给队员设定科学的训练方案，并针对方案，设置明确的阶段目标；同时，带领队员，完成这些目标，不断提高自我水平。

（2）教练员是团队重要的沟通者

团队训练中，最具有发言权的，无疑是教练员，因为教练员是掌握最多训练项目信息的人。比如，团队有哪些优势；队员有哪些特点；竞争对手的团队有哪些动态和特点。这些信息，都需要教练员传达，要让运动员了解当前的形势，调整自己的状态。

不仅如此，教练员是和运动员相处时间最长的人，他必须充分了解运动员，包括运动员的身体状况、心理状态、生活情况等。全面掌握团

队信息，可以帮助教练员，更好地管理团队，完成规定的训练任务。

（3）教练员是团队中不可或缺的协调者

从一定程度上讲，运动员的积极性，对他们完成训练任务、获得满意成绩有很重要的作用。特别是在多人组成的团队中，因为种种原因，团队成员之间总会产生摩擦，队员和组织制度也会产生摩擦，这时就需要教练员出面调解。

团队出现矛盾，是常有的事，教练员要以维护正常训练为出发点，主动调解队员关系。在协调的过程中，教练员不能带有个人思想偏向，要从运动员个人性格出发，以解决矛盾为目的，公正、公平地处理分歧和解决矛盾。忌摆架子、立威严，要听取双方的意见，不能固执己见。

2. 教练员需具备的专业职业素质

当然，教练员对运动员水平和成绩的影响，是非常重要的。因此，教练员除了基本素质外，专业的职业素质也是相当重要的。

（1）高尚的奉献精神、强烈的事业心

体育训练是一个艰苦的过程，要使运动员把精力放在枯燥的训练上，并且十年如一日地坚持，需要教练员有更坚定的意志和舍我其谁的奉献精神。

教练员首先要放弃一些日常享乐，把全部的精力放在探索训练技巧，积累训练经验上。可以说，同运动员相比，教练员需要为体育运动付出更多的心力。因此，要成为一名合格的教练员，无私的奉献精神和强烈的事业心是必备的职业素质。

（2）全面、坚实的专业理论知识

现代竞技体育，追求的是对自我的挑战和超越，竞技技能要求不断提高，教练员的专业理论也要有相应的补充。只有依靠广泛的科学知识和更具有人性化的训练，才能实现运动员身体素质、运动技能的提高，才可能创造更辉煌的成绩。

越是高水平的训练，就越需要高水平的理论作基础，在一次次的实验、检测中，积累经验，总结科学训练法。任何新的训练方法，都没有答案可以参照，所以需要教练员永不停歇地探索。那么，哪些是教练员应该了解的知识呢？比如，科学训练理论、体育生物科学、运动解剖学、体育社会学、竞技体育历史和行为管理学等。

（3）训练项目操作和创新能力

运动训练是一种实际操作过程，仅仅拥有足够的理论知识还远远不够，更重要的是，要把理论应用到训练实践中去，形成有效的训练成果。

运动员是有生命的活体，教练员必须根据实际情况，灵活调整训练方法。教练员要熟练掌握专项运动的各项操作技能，并且具备实时创新的能力，以适应不可预见的新情况。教练员的丰富经验和准确分析，会作出超前的判断，将理论变成实践，并最终形成训练成果。

（4）适应艰苦和枯燥的训练生活

运动训练是一个单调重复的过程，训练和生活环境往往也不受个人控制；而且，团队训练，要经常和大家在一起，因此会出现很多意想不到的问题。

教练员作为团队的领导核心，首先要能适应这种单调而复杂的环境。一般来说，省级以上的运动队，成员来自全国各地，他们有着不同的文化背景、训练层次，身体、心理条件都不相同，这就需要教练员有较强的适应能力，及时调整自己，具备人际协调的能力。

3. 教练员需要具备的道德品质

教练员的职责，不只是指导运动员技能，还要帮助运动员打造适应赛场生活的心理状态。教练员的言行举止，会成为运动员效仿的对象。

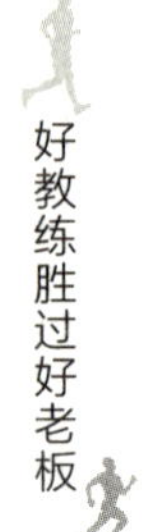

品德高尚的教练员，会给团队带来和谐的训练氛围；品行不端的教练员，会带坏团队的风气，使队员形成不良品行。

总之，教练员的思想道德，应该是团队的标杆。以身作则，为团队树立优秀榜样，才是一个优秀教练员应该具有的品格。

企业领导的职责

企业领导者，最重要的职责就是管理好员工，挖掘他们的潜力，为公司创造更多财富。一个不能管理好员工、不能带领团队完成任务、不能给公司带来效益的领导者，就不是一个称职的领导者。

合格的领导者，至少要知道如何让手下人有效地工作。除此之外，还有很多应该注意的地方。

1. 和员工保持适度亲密

有人的地方就会产生“关系”，一个团队的关系网，决定了它的品质。办公室关系，从侧面给员工营造了工作和生活环境，影响着所有人的工作状态。

如今，身在职场的人，更愿意把同事当作家人，把老板当作家长。如何才能让团队处在一个和谐的氛围中，管理者的态度至关重要。

作为企业的领导者，要清楚自己的位置，管理员工时，要让他们在愉悦的氛围里工作。这时，就要给员工创造宽松的工作环境，让他们感觉既安全又独立，既获得信任又不会压力很大，既可以提出个人意见，又不怕会因此丢了工作。要和员工保持适当的亲密，这样员工才会信任你、尊重你。

领导者要想与员工维系好关系，在日常工作中就要平易近人，员工出现了问题，也要及时给予解决和帮助。如果领导者能在许多细节上加以注意，员工一定会更加努力地工作。你对他们抱以期望，他们也会回报你成果。

现实中，有很多领导者，认为自己高人一等，不愿平等对待下属，甚至把他们当作工作机器看待。在恶劣的工作环境中，相信没有员工愿意为上级效力，员工之间的关系也会逐渐恶化，最终影响团队效率，阻碍企业的正常发展。

2. 组建优秀的团队

任何一个优秀团队，都不是天生就有的，正因如此，它才需要领导者倾注心血，花时间和精力来建设。这包括团队目标、员工角色、责任设定以及规则制定。另外，对员工的培训同样重要。

团队中的每个成员不可能永远在一个位置上，只有不断挖掘和培养他们的潜能，激励他们不断挑战自我、突破极限，员工才有无穷的工作动力，实现自身的成长，推动团队的提升。因此，领导者不仅要合理安排员工的工作任务，还要对他们的工作进度进行监督，见证他们成长的每一步。

当团队成员适应新岗位后，领导者要做的，就是为他们提供资源和帮助。在未来，团队领导者一定会遇到大大小小的阻碍，面对接踵而来的问题，下属或许会手足无措，或许会停滞不前，这都会让领导者对员工彻底失望，但随之而来的，或许就是新的突破。

当员工从新工作中获取了新技能，他们就会为自己的进步而感谢你。领导者要注重培养员工的责任心，还要为他们作出正确的指导，帮助他们渡过难关。

当团队的人际关系、工作流程都步入正轨，成员之间能够协调合作，保持稳定业绩，领导者就可以转移精力，谋取自我发展了。对于管理者来说，自身提高也是必要的，可以帮助你更自如地管理团队。

当团队运作达到顶峰时，还要不断地为员工提出新任务和新挑战，防止他们产生消极和懈怠情绪。如此，团队才能持续发展壮大。

如果团队面临转型，管理者要从企业文化平台，转移到自我管理平台，要给员工充足的权利，发挥他们的优势和长处，以换取更鲜活的团队生命。

3. 营造和谐工作环境

和谐宽松的工作环境，对员工的工作状态有着绝对的正面影响。当然，这里指的不只是硬件环境，软件环境同样重要。优秀的领导者通常都会使用基本的沟通技巧，制造和维护日常工作氛围。

①站在下属的角度看问题，用下属希望的态度对待他。推己及人的管理方式，是领导者应该遵循的金科玉律，你希望下属用何种态度对待自己，自己也要用这种态度对待下属。

②让每个下属发现自己的优势，并感觉自己很重要。如何才能让下属感受到重视？首先，要学会倾听，尊重他们的意见，允许他们提出不同的意见；其次，要将权力和责任交给他们，交给他们信任和自信；最后，要当众赞扬他们，让他们清楚地知道，你赏识他们。

③注意收听意见。不要怕听到意见，这些不同的声音，会给你、你的团队带来新的想法。学会倾听是门艺术，优秀的领导者都能够从意见中听出未来。

④批评要得当。没有人做事能让所有人满意，员工也不可能永远不犯错误，所以批评在所难免。但是，批评怎么说出口，这是要讲策略的，“恶语伤人”会带来严重后果。

批评可以，但最好不要在众人面前，这样不仅会打击员工的自尊心，也会给人际关系造成裂痕。另外，要让批评发挥出应有的作用，就要让犯错的员工知道自己错在哪儿，而不是单纯地承担责任。

还有，批评不等于训斥，要以共同分析问题、讨论改进方法的态度面对批评，不要因为一次的批评和员工变成敌人。而且，要从问题中找到员工的优点，以表扬安抚批评，要给员工留下继续前进的勇气。

⑤热情对待他人。团队合作，最需要鼓舞士气，高涨的情绪可以让工作效率成倍地增长。作为管理者，要拥有饱满的热情，并把这种热情传递给每一个员工。特别是在逆境中，更不能失掉信心。在不盲目乐观的前提下，要激励员工从问题中找希望，相信暴风雨后总会看到彩虹。

另外，如果员工热情地向管理者提出新想法，一定不要心不在焉。也许，只是一个目光的飘移，都会打消下属的积极性，让一个本来很好的创意“流产”。

⑥不要封闭办公室的门。把门打开有两层意思：公开、透明；交流无障碍。前者，是为了在员工心中建立信任，表明你是个公正廉洁的好上司；后者，是为了拉近和员工的距离，告诉他们，你随时欢迎和他们沟通交流。当然，乐意对员工敞开大门的领导者，会给人开朗大度的印象，对树立良好的个人形象十分重要。

⑦站在员工角度，为他们创造适合本职工作的工作环境。热爱是一股巨大的力量，当一个人热爱自己的工作时，就会爆发出很大的工作动力，相应的结果也就会更好。

身为团队领导者，就要从自身出发，对自己的本职工作充满热情，然后感染自己的员工。而且，要善于发现员工的兴趣点，充分发挥他们的特长，让他们感受到工作的乐趣。

更精明的领导者，会根据每个员工的状态，安排他们做不同的工作，这样就可以保持长期的工作热情，工作效率也会大大提高。

4. 让每一个员工的长处发挥到极致

世上没有平庸的人，只有平庸的管理。精于管理的人，会发现每个员工的长处，并把他们放在最恰当的位置，让这种长处得到极致的发挥。即使是最普通的员工，都会有他们的独特之处，对其潜力进行发掘和利用，就会产生更多有价值的东西。

团队领导者的任务，就是科学运用员工特长，在单位时间内创造最多价值。对于团队来说，这些都是组建绩效大厦的关键建筑材料。优秀的领导者，会像中国古代的杰出君王一样，识才善用：将善用兵法者任为将领，将善用计谋者任为谋士，而不是靠自己单枪匹马，冲锋陷阵。

如果领导者不愿意发现员工长处，偏偏抓住员工的短处，员工达不到自己的要求，干脆自己干，结果员工无所事事，领导者累个半死。只会看到员工短处的领导者，不是把他人当作“废人”，就是把自己“虐死”。只有聪明的领导者，才会把人用对地方，以一当十，既充分发挥了员工的力量，又让自己省了很多心力。可以说是一箭双雕。

短处人人有，但对工作没有任何好处，管理者要做的，是让工作更有效率，让任务完成得更好。趋利避害是每个人都知道的道理，所以作为管理者，更应该对员工的长处加以利用，避免把他们的短处应用在工作中。而且，员工长处得到了发挥，他们也就更乐于接受批评，就会帮助自己克服困难。

5. 分析员工特点，区别对待

通常，团队成员，大致分为主动型和被动型两种。

性格偏向主动的人，都会有开拓精神和奉献精神，他们喜欢想在别人前面、做在别人前面，他们对自己的工作有更高的追求。所以，面对这样的员工，要敢于给能力强的放权，把复杂、有难度和有挑战性的工作交给他们，他们会很有干劲；对于能力稍差的，要给予他们足够的学习、提升的机会，他们会在不断学习实践中，提高业务水平和工作能力。

性格较为被动的人，通常比较看重物质利益，他们对人际环境和工作条件都有自己的要求。他们不会为超出工作范围的事情考虑太多，但是他们往往具备很强的责任心。因此，管理者要把明确的责任，委派给能力较强的，并制定明确的激励机制，可以让他们做技术性强的工作；对于能力较弱的，不仅要有完善的激励制度，还要安排一些比较专一、简单的工作。

有些员工，也会表现出明显的优势和弱点，我们也要对其一分为二地看待。方法即是取长补短。充分发挥其所长，尽量克制其弱点。另外，就是要做好思想沟通，关心员工的工作状态，在肯定成绩的前提下指出问题，增进情感交流。除此之外，管理者要有耐心，给他们充足的时间克服弱点，不要揪住下属的弱点不放。

如何有效地管理好团队，是对领导者智慧和能力的考验，是每一个想要成功突破自我的领导者都必须要闯过的关卡。

最显著的共同点一：调动全员积极性，发挥他们最大的潜能

教练之于运动员，犹如伯乐之于千里马，不仅要慧眼识珠，识得千里马，还要能够挖掘其内在的潜力。通常情况下，一个好的教练不仅要调动运动员的积极性，还要能够运用科学的方法和自己独到的经验将运动员的潜能完全挖掘出来，使其能力得到最大化的发挥，从而在赛场上创造奇迹。

同样，对于企业的领导者来说，调动员工的积极性也是其不二选择。

在任何一个企业中，不管经营者能力有多强，也不管其个人多么努力，他能做的事情总有限度。再者，任何一个人都不能将所有的工作都做得完美。要想让公司发展，企业的经营者就必须选择志同道合的员工，一起努力工作。在选择员工的过程中，只有员工具备主人翁意识，把公司当成自己的公司拼命工作，企业才能发展壮大。这就是企业经营的原点。

员工对于企业来说，就像水分之于树木、水手之于轮船，只有集合所有员工的力量，才能让企业成长为参天大树、发展成巨型航母。所以，员工积极性是企业生命的来源，没有员工积极贡献力量，企业就无法生存。所以，管理者就要以人为本，充分激发员工的工作积极性，为企业健康发展提供源源不断的能量。

那么，员工的工作热情从何而来？管理应该从哪里下手呢？说起来很容易，就是要抓住员工的“心”，但做起来并不简单。对于习惯于传统管理体制的企业来说，要想放开权利关系，把员工作为企业的“主人”，不仅需要很大的勇气，还需要拥有改革的决心。

过去，员工被划分在企业的最底层。从最初的“人力工具”到后来的“智囊团队”，企业总是扮演着利用者的角色，极尽所能地挖掘员工的体力价值、脑力价值。但在新经济时代，员工不再是企业的“附庸”，他们在为企业创造价值的同时，还要求满足自己的发展需要。因此，企业要从根本上解放员工的潜力，要给予他们人性的关怀，把员工看作家人，了解他们、尊重他们；要让员工成为企业的伙伴，而非工具。

海尔集团对待员工的态度，在很多传统企业看来，是不可思议的。他们根据人的四大基本特性——个体差异、人格健全、需要激励和追求个人价值，主动考虑员工需求；为了激励员工，甚至是极其特殊的个人需求，也会尽量满足。

海尔在新经济时代，调整了自己的企业文化，即以员工为中心，充分调动员工积极性。这一思想，是在完成任务的前提下，极尽可能探寻员工的深层次需求，并尽量满足，如此，就能成功将个人利益和企业组织利益结合起来，员工就会更依赖企业。

海尔实现了“三工并存，动态转换”的制度，每个领导岗位都是浮动的，每一名海尔的员工只要通过努力都可以晋升管理阶层。通过这种制度，激励员工积极自我升级，同时配合切实的目标任务，让晋升成为可能。

当然，不只有正面刺激，如果员工工作态度不端正，就会被降级，这种负刺激也是给“不合格员工”的警醒。通过反复刺激，每个员工都会对更高的新目标产生认同。

为什么叫“负刺激”，而不是“惩罚”？张瑞敏解释说：“我们靠的是建立一个让每个人在实现集体大目标的过程中充分实现个人价值的机制。这种机制使每位员工都能够找到一个发挥自己才能的位置。我们创造的是这样一种文化氛围，你干好了，就会得到正激励与尊重；同样，干得不好，会受到负激励。负激励的目的，就是教育你不再犯相同的错误，而不只是付出代价这么简单。”

有激励，自然就有表扬，海尔给员工设置了很多“奖项”。比如，给为企业做出突出贡献的员工，颁发“海尔奖”；给为企业发明和改革积极提意见的员工，颁发“海尔希望奖”。另外，如果员工发明、改进的工具，真正提高了生产效率，甚至可以用员工的名字命名新工具，并公开表彰。

这些奖项不仅肯定了员工的付出，给他们带来荣誉，最关键的一点，是激发了他们的创新欲望，这种欲望是支持海尔走到今天的强大动力。这些荣誉会带着获奖者的名字和事迹，被写入《海尔人》，在所有员工中传阅，一传十、十传百，这种精神会成为成千上万名员工的驱动力。

那么，想要提高员工的积极性，管理者应该从哪些方面做起呢？

1. 让员工了解工作意义

大部分员工到一家公司工作，都是为了生活，为了赚更多的钱。作为个人，这个动机无可厚非，但作为企业，让员工的工作动力只停留在薪水上，是相当危险的。

工作的意义远不止这些，要让员工认识到，工作是一种自我修炼，它能带来能力和尊重。即使员工有自己创业的想法，工作也是扩展人脉的好方法。因此，要把工作的意义和个人发展结合起来，以员工的未来为出发点，端正员工的工作态度。

2. 培养员工的工作兴趣

既然工作不只是为了吃饭，那么工作就要有滋有味。帮助员工从工作中发现兴趣、挖掘快乐，是每一个管理者应该做的。

员工发现工作的乐趣并拥有充足时间后，就会把精力放在如何把工作做得更好上来。而且，因为更多员工处在一线，兴趣会激发他们产生新的想法，这些想法会是最贴近消费者的，无疑会给企业节省很多成本，提高营销效率。

3. 为员工提供发展机会

有更高追求的员工，不只希望自己能从工作中获得肯定，他们更希望有更好的发展，因此管理者不要吝啬手中的机会，要给员工提供勇往直前的动力。

培训是一个不错的办法，从中能挖掘出来很多员工的内在潜力。这种方法不但可以调动员工积极性，也可以提高企业整体的市场竞争力。还有，对员工的内部选拔也很重要，有上进心的优秀员工会抓住每一次晋升的机会，充满热情地投入到新的工作中去。

4. 创造良性竞争环境

没有竞争的职场如一潭死水，没有竞争的企业是腐朽的大厦。正如莎士比亚说过的，蛟龙和鲸鱼，只会生在充满无限未知和凶险的大海里；清浅平静的小河里，只能生出供人食用的小鱼小虾。

安逸舒适的环境，会消磨一个人的进取心，令人逐渐失去斗志。企业身处市场经济的洪流中，想要生存，就必须要有像“蛟龙”和“鲸鱼”般强大的员工，而良性的竞争会给企业筛选出最精英的团队，使企业更具竞争力。

5. 用荣誉激发员工热情

工业时代，员工以企业的荣誉为最高荣誉；信息时代，员工开始重视自己的个人荣誉。因此，企业要把集团荣誉和个人荣誉完美地结合起来：让员工的个人荣誉，可以通过为企业付出而获得；企业也可以通过员工的个人荣誉，让他们认为自己身处一个优秀的团队，进而增加集体荣誉感。当集体荣誉和个人荣誉达到完美结合，员工的工作积极性就会上一个大台阶。

6. 为员工培养危机感

居安思危，是老祖宗留给后人的最好警示。危机感能给人带来动力，能激活一个团队的生命，一旦失去危机感，企业就会面临真正的危机。

华为就是一个深谙此道的企业。2009 年，华为的年销售总额已经超过300亿美元，在外界看来，华为的老总可以高枕无忧了。但任正非不但没有停下脚步，还对企业员工高呼："华为的冬天要来了！"

这种危机感，一直激励华为走到今天，成为中国电子行业的领军企业。

7. 保持交流的平等、公正

新经济时代下，企业管理者再也不能"权高一级压死人"，和员工平等、公正地进行沟通和交流，才是管理者的管理之道。当员工感觉自己受到重视时，不但会努力工作，还会对上级加倍尊重，对于上级的批评，也会虚心接受，并愿意承担责任。

这样，就能激励员工自觉积极地工作。否则，会让管理者和员工的关系更加恶化，甚至会造成员工流失。和员工做朋友，员工才会把你当领导。

最显著的共同点二：让更多的人追随、共同愿景、目标统一

曾经有人做过一个有趣的实验：

实验者找来三组陌生人，让他们步行在乡间小路上，里程都是5千米。

第一组人在出发之前，知道自己要走多远，也知道目的地村子的名字，而且沿路每隔一千米，都有一块里程碑。这组人每走过一块里程碑，就会更高兴，快要到达目的地时，他们高兴地唱起了歌，而且忘记了疲惫，以更快的速度向目标进发。

第二组人走的这条路没有里程碑，但他们也知道路程和村庄的名字，于是他们根据经验，大概判断了时间。起初他们有信心很快就能走到，但当他们走过全程的3/4时，所有人都停了下来。大家都觉得疲惫不堪，而且不知道什么时候才能到达，心情跌落到了极点。

第三组人在什么信息都没有的情况下，跟着向导，踏上了旅途。然而，刚刚走了两千米，很多人便开始叫苦；等到好不容易走到一半，更多人开始抱怨，怀疑能不能在天黑前到达目的地；当他们终于走了一大半的路程，几乎没有人愿意继续走了。

我们可以很清楚地看到，有目标和参照物的第一组人，整个过程中是非常愉快的，而所知道的信息越少，人就越容易觉得疲倦，心情也会越差。

在现实工作中，有明确目标的团队，会按照步骤一步步地解决问题，一步步向最终目标前进，而且效率会更高；反之，没有目标，或是目标不明确，团队效率就会下降。没有阶段目标作参考，也会找不到节奏，会让整个团队工作起来混乱不堪，难以保持长期动力。

无论是运动竞技场上，还是职场上，目标至关重要。一个没有目标的人，如同在茫茫黑暗中行走。一个有目标的人，能够在光明中看到通往成功的路，即使前路艰难，也会始终坚定不移地朝目标进发，直至赢得胜利和成功。

一个团队也是如此！团队如果设立了明确的目标，在目标的激励下，每个成员的积极性就能充分地调动起来，才干和潜能也能得到最大限度的发挥。为了达到目标，大家必然会齐心协力、共同拼搏，积极战胜一切困难。

有一些团队领导，为团队设立了明确的目标，但当你告诉他，所有成员要统一目标时，他总会置之不理。要知道，团队目标不是个人目标，条条大路通罗马，虽然罗马只有一个，但是每个人都可以选择不同的道路，如果团队成员不能走在同一条路上，团队就不复存在。

那什么才是统一的“路线”？统一路线，指的就是工作方法。一个项目的完成，有很多种工作方法，选择哪一种，就是团队达成目的的“路线”。如果不能把全体成员团结到一条路上，工作进度就会变得迟缓，甚至出现本不应该出现的问题。每个成员都有不同的视野和经验，他们习惯选择自己喜欢的方法，但不是每一种选择都有益于团队前进，所以统一团队工作方法非常关键。

不少团队建立之初，规模很小、成员不多，但凝聚力、战斗力非同一般。随着规模的扩大，成员分歧也日益明显，最终甚至导致团队解散。这是为什么？问题不在于团队目标，关键是团队成员的工作方法。队伍发展壮大了，就会出现很多不同的声音，有人喜欢这么做，有人喜欢那样做。就像走到一个分岔路口，导致团队不知道该走哪条路。

路线是否统一，直接影响着团队整体的工作效率，所以管理者要特别重视这个问题，要及时修正，保持所有队员都在同一条路线上前进。

共同愿景不仅是团队目标，它更像是团队的图腾，是成员的精神追求和信念源泉。有了屹立不倒的共同愿景，团队才更有凝聚力。

很多人都见过大雁南迁，每到秋天，天空中总会出现一群群“V”字形的身影，一只领头雁，带领十几只大雁向南飞去。

据生物学家研究，大雁的这种行为，并不只存在于家族雁群中，完全没有血缘关系的大雁，在南迁时，会主动和其他大雁组合成队，一起南迁。为什么它们一定要一起南迁？因为这样会缓解单只大雁的疲倦感。

研究表明，大雁迁徙的路程非常遥远，单只大雁在飞行中会更容易疲倦。而组成“V”字形飞行时，每只大雁的飞行耐力都会增加71%。这是由于处在队伍中，每只大雁都会把精力放在保持集体速度上。这个临时集体，每个成员都有共同愿景：飞到南方的栖息地。

为了不让自己因掉队而更疲劳，每一只大雁都和同伴保持同样的飞行速度。如果有谁掉队，其他大雁就会大声鸣叫，督促掉队者赶上队伍。如果是领头雁飞累了，就自动后退，由其他大雁领队，大家这样交替飞行，直到飞到南方的栖息地。

雁群给了我们深刻的启示：共同愿景就是团队成员的精神支持，大家只有注意力高度集中，一起为团队目标努力，美好的愿景才会变成现实。

团队的管理者，就像是领头的大雁，把对共同愿景的追求当作团队的精神指导，团结所有成员，为实现愿景而奋斗，是管理者的职责所在。而对于领导者来说，企业的愿景也应是领导的个人愿景，为此领导者更应该身先士卒，身体力行地为企业领航。

共同愿景，使团队的每个人都觉得与他人息息相关，团队组织的各种活动，也因此完成得更完美。同时，当团队成员的所想所愿与共同愿景相一致，个人价值便能够得到充分体现，再通过领导者的带动，一定会激发团队成员的斗志，从而产生强大的团队凝聚力。

优秀的领导者同样是优秀的教练

一位成功的领导者，同时也是一名成功的教练，他因某些专业技能获得同行和下属的尊敬，但这并不意味着他就可以高枕无忧。优秀的教练型领导，通常都懂得跟下属建立合作关系。他们可以从下属身上发现独特的激励因素，并且运用有效的方法和下属进行沟通，帮助下属取得成功。所谓教练型的领导者，善于通过这样的方式，潜移默化地将整个组织改变。

教练想要看到满意的工作成效，离不开下属全力以赴的配合。只有在下属真正发挥自身潜力，圆满完成个人、团队、企业的任务时，教练才算功德圆满。组织的运营者获得成功，才能算是整个组织的成功。企业如果获得更满意的业绩，一定少不了员工的全力以赴。

教练的作用，就是化腐朽为神奇，就是让原本随波逐流、依赖权威的人，变得全力以赴、敢于创新、大胆挑战困难。当然，这要求共同愿景要和个人目标相吻合，员工全力以赴地工作，才会成为可能。

如果两者能够契合，企业就会看到美好前景；反之，就需要教练出马，使两者有机融合。此时教练的作用，就是把企业的愿景告诉下属，并明确指出希望下属出演怎样的角色，同时要说服他全力以赴。

想成为教练型领导，开发和提升能力的方法如下。

1. 建立员工信任

在领导和员工的关系中，信任是绝对的核心。领导者要向员工表明，自己将他们的利益放在最核心的位置，并且在今后的言行中，始终贯彻这一利益目标，如此才会成功让员工建立信任感。员工一旦深入理解领导者，就会积极地对待自己的工作，帮助领导者实现目标；反过来，领导者也会了解员工的核心需求，帮助他实现个人目标。

领导者不应躲避批评，勇于接受员工批评，是让自己获得团队尊重的最佳方式。我们在体育界经常会看到，团队或运动员失败，优秀的教练都会先从自身反省，并且直面来自各方的批评和责难。但这不意味着教练会为犯错的队员承担责任，批评也是必要的。

当然，好的教练也不会错过任何一个称赞队员的机会，教练型的领导更是如此。他们会成为员工的坚实后盾，为员工提供所需资源和帮助，并在他们取得优异成绩时，给予肯定。同时在团队出现问题时，勇于承担责任，因此更容易获得员工的尊敬和爱戴。

2. 给员工设定期望值

必须让员工知道，企业期望他们作出怎样的成绩。信息的传达者非领导者莫属。领导者不仅要协调各部门目标，使之融入企业的大目标之下；还要让每个员工清楚地知道自己该做的事、该承担的责任。

不少企业经理都会给下属规定绩效目标，这是一种不错的方法，但关键在于，要让员工都为这个目标努力，只是让他们接受这个目标还远远不够，要确保员工会为了达成目标而尽全力工作。因此，和员工沟通好很重要。

管理者和员工的沟通结果，要员工完全认同才行。所以，管理者要对目标了然于胸，并对员工有深入的了解。在和员工达成协议时，“最后期限”的时间设定是关键。

3. 教学无时不在

既然我们引入教练的概念，教学是必不可少的。但教练型领导的任务不在于教员工怎么做，而在于为他们提供信息，监督他们认真学习。方法有很多，工具也不少：操作手册、报告指南、言传身教等。重点在于，要让下属在有效的时间内，快速地理解和消化他学到的东西。而且要根据不同的下属特性，发掘不同的兴趣点，激发他们自主学习。

优秀的领导者不是天天讲大道理，故事也是他们教学的法宝。所谓道理，总会给人高居庙堂的感觉，领导者给员工讲道理，会被认为是在教训员工。而讲故事就亲近许多，尤其是领导者自己的故事，员工会从中挖掘有价值的信息，甚至会因此更尊重和服从领导。因此，领导者可以多准备些主题明确的小故事，通过它们，激发员工所需的情感，比如欣喜、激动、自信或敬仰等。

4. 具备解决问题的能力

好领导会指挥团队围绕一个目标，坚持向着正确的方向前进。教练型领导会在一开始，了解每个员工的需要，并在遇到阻碍之前，准备好充足的时间、资源和人员；在遇到困难时，迎头直上；在员工表现突出时，也会不断给予鼓励。

调解员工矛盾，也是领导者应该具备的能力。但是，要注意解决方式，不能把自己的方法强加给团队成员。在有效隔离双方后，要引导他们关注问题根源，想办法找出解决方法。因此，领导者要有足够的耐心，把自己放在第三者的位置上，以维系双方关系为基础，促进问题的解决。

不仅如此，教练型领导必须有明察秋毫的洞察力，在问题出现之前，做好防范，如果可能要避免矛盾发生。领导者要密切关注团队动态，时刻掌握成员士气，察觉丝毫不对劲，就要立即作出反应，寻找问题根源。

快速处理危机，能够尽快安抚成员情绪，避免事态严重，加强员工对领导者的信任。

5. 知道如何激励员工

优秀的领导者都知道激励的好处，他们会利用激励法，帮助团队更快收获成果。诚然，对员工的激励要走心，不能把激励当成鞭子，逼迫员工前进。这就需要领导者把握好力度，首先，要给员工营造可以成长的环境；其次，让他们看到成功的希望；最后，掐准时机，适时地刺激一下，员工自然会奋发图强。

当然，个性问题也不能忽视，哪些员工需要宽松的管理，哪些员工需要长期推动，都要因人而异。出色的制度和方法会照顾到每个员工的特性，不会影响团队的效率。所以，如何制定好规则，需要每个教练型领导好好考虑。

一名优秀的领导者，不是员工的保育员，激励是一方面，重点在于要让员工提高自身能力，独立解决难题。领导者做太多未必是好事，一方面会剥夺员工成长的机会，另一方面则会挫伤员工的自尊心。适当的干预，不仅不会让员工感到迷茫，还能增加他对你的信任度。但任何事都讲究一个度，如何拿捏好这个度，也是领导者值得思考的问题。

6. 明确团队纪律

善意的建议，不是对每个人都有效，有人“吃软不吃硬”，也有人“吃硬不吃软”。有时候，明确严肃的纪律，会起到更有效的作用。因此，要保证员工按标准行事，明确的纪律是最有效的形式。这一点在体育界尤其突出：即使是主力球员，如果不努力训练，或者没有全力以赴，教练仍会让他坐“冷板凳”。

在职场，面对那些独断专行、不守规矩、消极怠工的员工，领导者同样应该给予批评，并且要依公司章程，给予警告。如果这些员工虚心反省，改正自己的陋习，还是可以获得晋升的机会，否则一切福利都免谈。

但是，领导者也要注意，纪律虽严，但不意味着只是惩罚。除了公司章程，领导者的行为也是纪律榜样，以身作则不是说说而已，要切实从团队利益出发，规范自己的言行。当领导者以牺牲个人利益，为团队解决问题时，员工自然会肃然起敬，以之为榜样，无形的纪律也就由此产生。

7. 认可员工成就

纪律给予员工约束，认可给予员工空间。领导者必须对业绩突出的

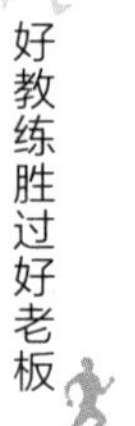

员工给予认可，员工得到认可，就会知道自己哪里做对了，就会充满信心地面对接下来的挑战，不断获得更大成就。对于其他员工，也会形成激励作用，并效仿优秀者，努力使自己做出成绩。

需要澄清的一点是：认可不等于奖励。奖励多是物质上的利益，它是认可之后的产物。也就是说，员工的成绩获得企业的认可，领导者提出表扬，而后才会发放一定的奖金或福利，作为奖励。如果把员工绩效和奖金画上等号，就曲解了人力开发的概念，其实它应该独立于物质奖励之外。

区分“才能开发者”和“薪酬仲裁者”的身份，是领导者面临的一大困难。旧有的管理体制模糊了两者的概念：员工绩效关乎薪酬，而人力开发则关乎员工成长。

8. 成为员工的导师

所谓导师，不只教授知识，领导者既是良师也是益友，在职场中，领导者还兼任同事。作为朋友，领导者要把员工利益时刻记在心里；作为同事，领导者会给员工提出中肯的意见，并要求员工听取；作为导师，领导者要放眼未来，为员工指明未来的道路，激励他们不断进取，并满足他们的未来需求。

员工来到一个陌生的工作环境，都渴望有人指导，希望能快速地融入新的价值观。此时，领导者可以建议他们早一点到公司，表现出自己对工作的重视；对待同事的意见，要认真聆听等。领导者要通过具体事例给出建议，而且要以身作则，不然就会削弱建议的分量，无法达到效果。

领导者学会教练式的工作方法后，随时随地都可以进行。重要的是，在和员工进行沟通的时候，要以积极的反馈作为开始，以全力改善方法作为结尾。

关于教练技术

教练技术的起源

“教练技术”源于体育，是运动员夺冠军、拿金牌的重要支持者。“管理教练”最早出现在欧美，在美国20世纪80年代，“教练”被引到企业管理领域，“企业教练技术”随之出现。

当时，美国网球教练添欧·高威声说，自己可以让一个完全不会打网球的人在20分钟内学会打球。美国广播公司（ABC）对这件事非常感兴趣，便派记者进行现场采访。

网球教练找来一个身体比较胖、从未打过网球的女人，他告诉这位女士说：不管采用什么姿势，只要把焦点放在网球上，当网球从地面弹起时先叫一声“打”，然后用球拍击球就行。结果，只用了短短的20分钟，胖女人就学会了打网球。记者问这个网球教练是如何做到的？他说：“我并没有教她网球的技巧，只是帮助她克服了自己不会打球的固有意识。”

一些管理者在电视上看到这一幕之后，引起了兴趣，便将高威声教练请到公司来给经理们讲课。开始的时候，高威声以为会被带到网球场上去，结果却被带到了会议室。

在授课过程中，经理们不停地在笔记本上做着记录。下课后，高威声查看了这些笔记本，发现在这些笔记本上根本就找不到和网球有关系的文字，全部都是企业管理的内容。原来，这些管理者已经将运动场上的教练方式转移到了企业管理中。于是，一种崭新的管理技术——“管理教练”便出现了。

第三章 像教练一样提升自身素质

指挥艺术源于教练的内在

要修炼成杰出的领导，非一日之功，必须要经过千锤百炼。但是，万人走上独木桥，更多的小领导没能走得更远，这说明，要成为成功的领导者，光靠天赋不成，能力才是硬道理。因此，整天嫉妒薪高权重的大领导没用，认真审视自己的缺陷，才是关键。

很多专家都指出，能成为领导的人，必须具备超常的综合素质和能力。怎么个综合法？大概就是“讲政治、能廉洁、会管理、懂业务、爱部下”，具体来说，就是下面这几点。

1. 思想观念以人为本

立业先立人，做任何事之前，都要先做好人。员工是企业的重要组成部分，优秀的领导者一般都清楚员工的重要性，他们会尊重每一个员工的意见，为他们创造良好的工作环境，满足他们的工作需求，关心他们的状态和情绪。而目光短浅的领导者，会单纯利用员工的劳动，为企业创造最多的利润。事实说明，这些人领导的企业，生存空间只会越来越狭窄。

2. 组织和协调能力要好

要想达到目的，方法最重要。领导者要成功获得尊重和爱戴，学会协调和组织员工非常必要。就像弹钢琴，十个手指各不相同，怎样让它

们弹出美妙的旋律，就需要良好的协调能力。了解每个员工的长处，合理安排和协调岗位，使其发挥最大作用，是领导者的必备能力。

3. 掌控全局不在话下

优秀的领导者，不会只把注意力放在手下的这几个人身上，会掌控全局。领导者是团队的带领人，也就是说，他要为整个团队设立目标、制定规则、安排任务、协调管理，最终实现团队的突破和成功。如果一个领导者，连自己负责的部门都管理不好，更不用说管理整个企业了。所以，优秀的领导者，必须能掌控全局。

4. 倡导民主决策

绝对权力带来的从来只有腐败，权力会让人不断膨胀，形成独断专行的局面，这种局面在现代职场是最忌讳的，有这样行为的领导者，最终会丧失民心。而且，优秀的企业都以纪律和制度为上，领导者想要独揽大权，领导的位子也不会坐得太安稳。所以，有能力的领导者，不需要独揽大权，会更重视民主的决策能力，并且会贯彻到管理行为中。

5. 执行力一定要强

任何美好设想和科学决策，如果没有强有力的执行者，一切都是空中楼阁。而团队是否具有强大的执行力，关键在于领导者。优秀的领导者，知道该把公司的大目标，变成个人的小目标，再转化为员工的利益目标，激励他们为自己奋斗，并在过程中给予他们帮助和支持。这样，每个员工都会为个人目标而奋斗，团队的执行力也就跟着增强了。

6. 心态和思想要开放

领导与员工最大的不同，就是有更开阔的视野。优秀的领导，会不断地从时代发展中汲取养分，总结经验和教训，形成自己的价值体系，以及对市场的前瞻性判断。因此，好领导的心态和思想必然都是足够开放的。他们善于听取多方意见，包容不同声音，并不断充实自我、提升自我。

7. 创新意识不能少

企业的灵魂即是创新。面对变幻莫测的市场，墨守成规的企业最终都会被淘汰。作为领导者，可以没有强大的创造力，但创新意识不能少。对于不符合时代发展的规章制度、工作流程、思维模式，应该改革的，就要大胆创新；对于比较适用的，也要根据员工的需求和市场的变化，随时作出调整。关键在于，要让自己的意识动起来，促进团队整体创新意识的提升，如此企业才会更有活力。

8. 要有强大的内心

身为领导者，要比普通员工承担更多的责任和风险，因此强大的内心对于领导者来说不可或缺。这种承受力，不仅包含个人压力和委屈，还有来自团队的风险和挑战。

因此，领导者一定要能忍人之所不能忍，及人之所不能及，在压力中寻找突出重围的出口，抓住稍纵即逝的机会。除此之外，还要勇于面对失败和质疑，敢于接受下属的批评和指责。

9. 要懂得公关推销

公关问题是每个企业都会遇到的，作为领导者，也许不需要处理具体的事务，但要懂得如何利用公关，化解突发危机。

学会用公关手段解决问题，作用就在于，让公众能更清楚地了解你的专业、你的产品、你的团队和你的企业。因此，优秀的领导者会利用公关手段，达到推销和解除危机的目的。领导者至少要懂得利用各种宣传技巧和工具，为团队和项目进行推销；也要知道如何利用它们，解除团队的公共警报。

10. 懂得以柔克刚

作为领导者，身上自然会承担来自各方的压力，无论压力来自上级、业界，还是社会，针尖对麦芒永远都不是最好的方法。精明的领导者，懂得如何在不丧失原则的前提下，做出妥协和退让。这种以柔克刚的做法，需要领导者克服自身的性格弱点，做到圆融得当，自如游走在问题的解决方案中，找到最佳的解决方法。

11. 政策制定要公平

公平，是一个领导者必须掂量好的一杆秤。拒绝公平，就意味着失去民心，奖惩都会激起员工的抗议。制定公平公正的奖励政策和惩罚制度，不但会约束员工的行为，而且会真正起到激励作用，并把这种激励落实到工作中，提升业绩。

有时候，员工不一定会接触到领导者，但通过制度，他们会体会到领导者的公正态度，以及对他们的尊重，如此自然就会形成一个相对公平的工作氛围。

12. 学会恩威并施

一个具有超强凝聚力和竞争力的团队，其领导者制定的制度，大多数都是赏罚分明的。而且，领导者都会以身作则，严格按照制度要求自己，为员工树立榜样。

不仅如此，他们还会针对不同的员工，根据工作状态施与奖惩。比如，对埋头苦干的人，及时给予奖励和表扬；对于经常拍马屁、不好好做事的人，给予严厉批评。

13. 遵纪守法是必备原则

公司的规章制度，是每个人应该遵守的准则，就如同法律一样。如果领导人凌驾于制度之上，员工就不会把领导放在眼里，表面上恭敬顺从，但心里却不会服从指挥。所以，优秀的领导者，必然是制度的忠实践行者，应该具备超越自我的控制力，成为员工的榜样，并且把企业的指导精神传递给每一个员工。

14. 胸怀一定要宽广

任何一个企业的发展依靠的都不是个别领导，盛气凌人的人无法成为称职的领头人。作为领导者，要善待每一个员工，倾听他们的声音，接受不同的意见，看到他们的闪光点，允许他们犯错。

领导者需要时时自省，从员工身上看到自己的不足，并虚心接受员工的意见，努力改正，而不是故步自封、独断专行。再聪明能干的领导者，如果没有广阔的胸怀也难以成功。

15. 事事以大局为重

领导者是小团体的领头人，也是大集团的奉献者。当两者发生冲突时，领导者应清楚地知道该以大局为重。

越是职位高的领导者，就越会从整体、从大局考虑问题，这也许会损害某些人的利益，也许会造成一小部分的损失，但只要有机会弥补，当然要有壮士断腕的气魄。凡事以大局为重的领导者，职位晋升都会比较快，因为企业更需要以集团利益为出发点的人。

16. 勤于学习很重要

既然为人领导，比员工知道得多、想得深入、看得长远，就是不可推卸的责任了。因此，学习就成了领导者在工作之余必须养成的好习惯。

这种学习，不仅指学习专业技能范围之内的知识，凡是对管理、对企业有帮助的知识，领导者都要有所涉猎，比如，国家政策、法律法规、新技术、新理念等。这样，不仅会让员工信服你，而且还能够为重要的企业决策作充足的准备，不会造成难以挽回的损失。

17. 沟通能力不能少

领导者不是空架子，有真才实学的同时，也必须平易近人。

越是有真本事的领导者，对待员工越是亲切温和。他们在做任何事情之前，都会先和员工进行沟通，了解员工的真实想法，然后再权衡利弊，做出最佳的决策。

一个沟通能力强的领导者，能够把自己的想法，准确地传达给员工。同时，也能透彻理解员工的需求和想法。员工都喜欢和这样的领导者共事，他们也更愿意听从这样的领导者的安排。

18. 要有为民当权的思想

不同的领导者有不同的处事作风、不同的性格习惯、不同的策略方法，但有其相同点，都是当权者。当权自要为民办事，在公司里，员工就是企业的“民众”，他们为公司贡献力量，领导者就要为他们谋福利。

同时，领导者既然为企业的领导，就要对企业的发展负责。虽然看起来这是一个左右为难的差事，但实际上，优秀的领导者会胜任这一角色，并将两者协调统一起来，形成企业生态闭环，为企业发展提供源源不断的动力。

19. 廉洁奉公不能忘

中国有句老话：人在做，天在看。天下的领导者，都有人监督。企业领导者是一个奉献大于索取的职位，他担负的是员工和企业的信任。如果领导者不能奉公守法、清正廉洁，最终会受到企业制度的惩罚。

领导者处在高位，接触的资源当然会多于普通员工，因此自律就更为重要。没有强大的自我意志力，是难以成为成功的领导的，一旦失足，就会造成千古遗恨。

20. 勇于承担社会责任

每个将军都是从士兵做起的，每个大领导都是从小领导走过来的。对于位居低位的领导者，能够承担相应的责任，是向上发展的基础观念。

当你发现自己存在能力不足的时候，要先从树立社会责任开始。在实践中学习和总结前辈的经验，边做边学，主动做一些他人不愿意做的事情，或带领团队共同完成既定目标。敢于承担社会责任，会让员工更加钦佩和尊敬你。

有什么样的领导就有什么样的企业

企业文化从何体现？有人说，从员工的行为言谈去看；也有人说，从人力资源部去看；还有人说，从企业领袖身上去看。其实，从不同的角度考虑，他们说得都对。员工言行，是日常体现；人力资源配置，是对管理阶层的反映；而领袖，才是形成企业文化的根本因素。

企业并非天生就有，文化自然也不是无中生有。它不来自外力，而是由内而发。企业的文化，正是领袖思想结晶的升华，并在一批又一批的领导者探索中不断发展完善，逐渐形成企业群体的行为准则和集体观念。

有人要问了，一个观念怎么可能会成为一种文化？一个人的思想就是个人观念，一群人的思想融合就会形成地域文化。企业就是一个群体，领袖的思想是一个引线，串联起所有员工的想法后，就会自觉发展成为企业独有的思想氛围，这就是企业文化。

有人又会说，每个人的思想都不同，怎么能让一个人的思想统一所有人呢？不要忘了，企业是个经济实体，为企业工作的人，都有各自的利益追求；当他们的利益统一时，思想也会朝着一个大方向前进。那么，领导者在其中，又发挥着怎样的作用呢？

1. 领导者的行为模式直接影响文化的产生

有一位公司高管，每次开会，只给每个部门经理五分钟的汇报时间，分别汇报上月总结和下月计划。十几位经理必须要把会议时间压缩在一个半小时之内，而且部门间的矛盾只能在会后自行调解。就是这样一个简单的模式，公司高管轻松地创造了良好的企业文化氛围。

结果证明，这个公司高管的做法，使得各部门经理都保持着良好的沟通关系，工作也更加和谐顺利。作为高管，也更加轻松自如，不会沦为员工人际的协调员。

本着追求利益的本能，人在遇到矛盾冲突的时候，总会向对方和他人证明自己是对的，于是争论就会永无休止。试想，如果高管允许经理们在会议上协调和沟通，那么会议就会变成辩论赛，高管的职能也就变成了裁判，对于公司来讲，没有一点好处。而且，如果不能解决问题，就会使部门间产生裂痕，更加不利于以后的工作。

而高管采用的双边协调模式，抽离了其他人，减轻了评判压力，矛盾双方没有功利思想作祟，就会把理性放在解决问题上，双方就更易相互妥协。即使争论不休，也不会损害他们的形象和利益。

但也有反例。

有个公司高管，以公司发展为名，在开会的时候，让经理们畅所欲言，有什么想法全部提出来，但是却没有明确的主题，于是每次例会都会没完没了，时间变得越来越长，效率却越来越低。

后来，各个部门经理实在没有什么新的看法，就只说自己部门的好，挑别的部门的刺儿，结果双方在会上争论不休，会后更是各走一边，完全不会理性沟通，存在的问题也一直得不到解决。

事态愈演愈烈，甚至有的部门经理，在背后打小报告，各部门之间相互诋毁，出现问题也互相推卸责任，一时间，工作氛围十分压抑，而且火药味十足。每次的例行会议，也变成了调解大会，高管也是忙得焦头烂额，而且严重影响企业效益。最终，董事会辞退了这名高管。

2. 领导者的个人喜好，会成为员工的行为指南

多数员工到公司里来，都追求个人利益，他们会本能地趋向对自己利益有益的行为，比如观察上级好恶，投其所好，为自己获得更多利益。喜欢讲漂亮话的人的领导者，他就有溜须拍马的下属；做事拖沓的领导者，员工也不会积极工作；喜欢听小报告的领导者，总会从一些员工那里收听到小报告；不把客户当回事的领导者，下属也不会把他们当上帝。

另外一种情况就是，领导者会根据自身的职业发展轨迹，形成独断的行为模式和价值判断。比如销售出身的领导者，上位后自然会关注销售部门；从研发部晋升来的领导者，资源配给多数都会偏向研发部。因为他们都形成了思想惯性，认为自己的部门最好，而轻视其他部门。这样的思想行为模式，会影响到企业文化的形成。

拿营销领导者为例，做销售的，需要才思敏捷，灵活应变，因此，他们的思维大多比较跳跃，非常适应市场变化。但是这种思维不利于企业管理，因为管理会涉及人力、资源、流程等因素，过多的变动会使得管理混乱，其形成的文化也难以长久维持。因为公司的日常管理需要条理性和稳定性，没有条理就会造成资源浪费，给企业带来损失。

3. 领导者的性格也会影响企业的文化

领导者总是习惯和性格相似的人共事，这样可以保持工作节奏的一致性，所以，以领导者为核心的团队，其特点也往往带有领导者的性格特点。比如雷厉风行的领导者，他的团队办事效率一定不低；细致谨慎的领导者，他的团队一定很少出错。

如果这个领导者处在企业较高的位置，那么他的性格特点就会融入到

企业的文化当中。外向的领导者，员工工作节奏也会随之加快，形成快节奏的企业文化；内向的领导者，员工会形成细致稳重的工作节奏，企业文化自然就偏向内敛。与此同时，在前一种企业中，太温和的员工被认为是不思进取的；在后一种企业中，具有冲劲的员工，会被看作是急功近利的。

咄咄逼人的领导者，不会带出专业细致的团队；而彬彬有礼的领导者，也不会创造出强势的企业文化。或好或坏的企业文化，都不是几个高管、几个经理就能搞出来的，归根结底，都是领导者培养出来的。因此，企业领袖的人品，也可以从其企业文化中略窥一二。所以，没有好文化的企业，不能怪某个部门没做好，多数时候需要反思的是企业的领导者。员工出现问题，上级也难辞其咎；员工做得都很好，说明上级也做出了正确的指导。双方一定是相辅相成的，不可能脱离对方出现相背离的表现。

做企业就必须从自我修炼开始

所谓管理，管理者是人，被管理者也是人，所以，管理就是人与人的对话，但对于中国的企业管理者来说，参透这一点并不容易。基本的管理分三个层次：普通管理者、基层管理者、高层管理者。

层次不同，对管理者的要求不同，但总的来说，都要达到所在层次的优秀水平，所需要的方法也各不相同。管理者首先要清楚自己的位置和职责，既要协调同事，又要配合员工，要做到这一点，需要从五个方面着手修炼：学习力、执行力、领导力、沟通力、品格力。

1. 学习力

学习力指的不只是学习能力，它还包括学习的态度。所谓“工欲善其事，必先利其器”，领导者想要冲锋陷阵，带领自己的团队，在激烈的市场竞争中突出重围、获得胜利，强大的吐故纳新能力，是必不可少的。

(1)学习如何管理目标

目标是一切工作的指南针，有了目标，团队才有方向。因此，制定明确的目标非常重要，一旦偏离了既定的方向，即使工作再努力，也终会失败。所以说，如何确立实际、清晰的目标，是管理者在制定目标之前应该反复斟酌的。而且，管理者要为下属制定短期、中期和长期的目标，以推动不同阶段的工作进程，并坚持主动管理。

当然，光有目标还不够，切实可行的计划是实现目标的关键。作为执行依据，计划可以尽可能详细，由年度计划、季度计划，再到月计划、周计划，甚至每天的工作计划，都应该清楚明白。如此一来，员工才会切实落实、执行计划，实现目标。管理者要做的，就是跟进和监督，纠正工作中的偏差和错误。

(2)学习如何正确放权

社会由集群组成，任何一件伟大的事情，都不是单靠一个人就可以完成的，团队的力量不可小觑。管理者再优秀，精力毕竟有限，所以他的最主要作用就是指挥和协调。管理者明白自己的职责后，就要学会放权，这样可以激励员工提高效率，也会为自己节省出很多时间和精力，去做更重要的事。

当然，放权也是有学问的，既不能太过，也不能放太少。要学会根据事情的重要程度和紧急程度，选择不必自己亲自做的事情，大胆地给下属授权；对于只能自己完成的部分，就坚决不能放手。

还要注意一点，下放权力之后，不要不闻不问，要定期跟进，监督和检查员工工作进展，及时给予修正和帮助。管理者要清楚，授权不是授责，错误结果带来的责任还是要自己承担。

(3)学习如何管理健康

管理者通常都是上下级的主要连接人，很大一部分精力都会放在协调上下级关系上，于是总是会出现这样那样令人烦心的事，因此，管理者最容易产生焦虑情绪。管理者要时刻调整自己的心态，以保持自己处在最佳状态，并保证身体健康，毕竟身体是革命的本钱。

2. 执行力

执行力是把理想变为现实的最理想通道，团队目标的实现离不开强大的执行力。如果用人体来比喻，普通员工就是人的四肢，中层领导就是人的脊柱，而高层管理者就是人的大脑。如果脊柱受损，大脑的指令就难以传达到四肢，人也就无法行动，甚至导致瘫痪。

执行力弱，主要体现在两个方面：有想法没行动、有行动没结果。前者是因为没有强烈的执行意愿，后者是因为缺乏执行能力。没有执行意愿，多数是因为员工不知道领导要干什么、为什么这么做。这时就需要管理者耐心沟通、解释。缺乏执行力，是个硬伤，需要执行者加强学习，提高自身能力。

当然，有时候，员工不执行领导命令，也可能是因为目标不合理，所以管理者要考虑员工的个人目标，来制定团队目标。

3. 领导力

领导力是一种管理者特有的必备能力。它的作用就在于激发员工斗志，并产生向心力，团结一致追求共同目标。从本质上来讲，就是管理者个人的影响力。管理者要想提高领导力，需要从三个方面入手。

（1）培训指导

优秀的管理者也必然是好教练，他们能把下属的能力，通过科学的方法训练出来，充分挖掘其潜在力量。基层员工执行力差，管理者就要给他们做出指导，告诉他们该干什么、怎么干，并督促他们在实践中应用，以此来提高工作能力。

（2）团队文化

文化氛围对一个团队来说至关重要，它是团队成员的精神寄托，是共同目标的思想指向，可以营造良好的价值体系、思想氛围，能够提高整体的团队战斗力。

（3）员工激励

马斯洛需求层次，是身为管理者应该了解的科学理论，对员工的激励，也要从这五个层次入手：生理需求、安全需求、社交需求、尊重需求和自我实现需求。根据员工特性，采用不同的激励方法，可以奖励，也可以惩罚，关键在于管理者的运用。

4. 沟通力

管理理论中有一个著名的“双 70 定律”，道出了沟通在管理中的作用：管理者在日常管理中，在沟通上花费的时间平均约为 70%，而由沟通障碍产生的问题也有 70%。这就说明，没法与人有效沟通的管理者，是无法管理好员工的。

沟通方式因人而异，既然作为管理者，就应该学会和上下级采用不同的方式沟通，达到沟通顺畅的效果。

（1）与上级沟通

其实作为上级领导者，对企业下层信息不甚了解，下属就是他最好的传声筒。下层管理者要明白上级的需求，对他们敞开胸怀，准确及时地向他们报告企业内部的动态信息，这样才能帮助上级做出符合民意的决策。下层管理者，要先提高自己的专业水平，才可能实现顺畅沟通，进而了解上级个性特点，培养工作默契。

（2）与同级沟通

同级管理者沟通重点在于协调，部门之间总会产生很多问题，其实这些问题都不会触及利益根本，所以为了完成共同任务，相互配合是非常重要的。因此，管理者应该相互理解，秉承“求同存异”的原则，心平气和地交流，共同解决问题。

（3）与下级沟通

要与下级顺利沟通，先要端正自己的位置，千万不能盛气凌人，要学会换位思考，站在员工角度，倾听他们的诉求，尊重他们的意见，如此员工才会把真实的想法反馈给你。

5. 品格力

品格力是一种心理能力，他对影响和改变个人命运起着重要的作用。一名优秀的管理者，应该重视三种重要的职业品格：责任、忠诚和主动。

（1）责任

不敢承担责任的管理者不是好领导，既然身在高位，手握重权，肩上就应该扛下相应的责任。每个管理者，都要有正确的责任观，凡是分内的事情都要做好。工作也好，使命也罢，既然承担，就要一丝不苟地完成。管理也是，身为管理者，管理好自我、任务和下属，就是职责所在。

（2）忠诚

忠诚是在任何时代都不变的美德。在当今时代，忠诚更是成为胜过能力的职业品格。任何企业，都会重用坦率正直、对事业和组织都诚实的员工，作为管理者，当然要忠于企业、忠于职业。

（3）主动

所谓主动，就是有不断挑战自我的勇气，敢于在工作中承担超出现有能力的一些工作；敢于将自己陷入紧迫，锻炼自己、激励自己。管理者不能停滞不前，想要提高能力，就要多增长见识、积累经验，多做一些分外的事。

当然，主动不代表“盲动”，不是一时冲动、大包大揽，而是对上级交代的重要任务“敢于承诺”，而且，要无声无息地漂亮地完成。

领导性格与领导管理风格

每个人的性格都是不同的，企业领导者也是如此。不同性格的领导者会采用不一样的领导风格，对于这一点一定要正确认识。

1. 完美型领导

风格特点：工作作风严谨、自我要求高，关注点总在工作细节上，对下属也是严格要求，容易挑剌却不善表扬。他们通常不愿意向下属放权，习惯性地怀疑下属的认真态度。

管理优势：易形成严谨的工作风气，及时发现问题、解决问题。

管理局限：考虑问题太过细致，忙于纠缠细节，使工作僵硬、固化。

2. 助人型领导

风格特点：专注于人性化管理，以员工个人需要和感受为出发点，乐意牺牲自己、奉献他人，重视对弱势员工的帮助。

管理优势：利于营造和谐的工作环境，建立团结互助的团队。

管理局限：容易因“人情”而丧失原则，损害团队利益。

3. 成就型领导

风格特点：只看目标和结果，对认同感的期望值很高。

管理优势：使团队目标明确，员工充满斗志。

管理局限：这种性格的领导者，目标通常都很短浅，而且经常忽略过程，使团队看不到其中的风险。过于强调个人成就，忽略员工付出；也可能会因为过于自信，导致团队陷入危机。

4. 自我型领导

风格特点：感觉操控决策，想法独到、创造力强，善于把握市场先机。

管理优势：积极主动，能够及时抓住市场先机。

管理局限：情绪化较强，难以从客观角度处理问题。工作状态随情绪变化，时而高涨、时而沮丧，给团队带来很大风险。

5. 理智型领导

风格特点：决策前需要做非常详细的调研和分析，注重系统分析和逻辑推演。

管理优势：趋势分析可观、理性，能做出精准判断，决策准确。

管理局限：过长的分析时间，有可能错过时机。

6. 疑惑型领导

风格特点：以制度化管理著称，一切以制度为先，且制度非常精细。决策前总要做最坏的打算，并为所有潜在风险做好准备。

管理优势：考虑周全，战略性较强，降低潜在风险。

管理局限：顾虑太多导致决策拖延，延误时机。盲目信仰权威，致使团队思想僵化。

7. 活跃型领导

风格特点：喜欢新思想、新方法，注重创新。

管理优势：有很强的亲和力，容易和团队成员形成良好关系。

管理局限：不考虑全局，思维跳跃，注意力容易分散，导致团队思想混乱。

8. 领袖型领导

风格特点：拥有远大目标，并且注重战略战术的应用，做事雷厉风行，决策制定非常快，乐于做团队领导者和保护人。

管理优势：信念坚定、愈挫愈勇，容易鼓舞士气。

管理局限：会出现武断专行的情况，不在乎细节和过程，听不进反对意见。

9. 和平型领导

风格特点：管理以人为本，喜欢团队成员在和谐的氛围中工作。“无为而治”便是他们的管理原则。

管理优势：能够形成融洽的团队氛围，提高员工工作的积极性，受到员工的欢迎。

管理局限：团队没有强烈的目标感，管理过于随性，团队意志力薄弱、信念不坚定。

企业领导不可不获取的5种能力修炼

老板是企业的核心人物，没有高水平的能力，就难以承担领导企业“航母”前进的职责。企业的经营管理效力，很大程度上是和老板的能力成正比的。可以说，老板的决策能力和领导水平，直接影响着企业的兴衰成败，中外企业皆是如此。

著名的美国管理学家彼得·德鲁克曾经说过：“在人类历史上，还很少有什么事比管理学的出现和发展更为迅猛，对人类具有更为重大和更为激烈的影响。”管理，小到个人生活和工作，大到国家和企业，每个角落都有管理学的渗透。

企业老板，就像是航母设计师，零件放在什么位置、部件起什么作用、什么时候试航，这些问题都需要高素质的老板作出决策。因此，企业老板更要不断提升自己，尝试更先进的管理方法，经营企业。

从实践中，我们总结出几项必备修炼法，希望能对企业领导者有所帮助。

1. 修炼如何控制心态

心态是做事的第一准则，它控制着事业进步的效率和最终走向。心态积极乐观，成功就会充满希望；心态消极沮丧，失败必然等在前方。因此，要想提高自己的领导力，就要控制好自己的心态。

年轻时的林克无学历、无背景、无工作，是典型的美国“三无”青年，完全没有工商界兼并大王的样子。但就是这样一个人，始终相信自己是“最优秀的经营者”。

林克在25岁退伍后，把自己的房子卖掉，换得了3000美元的启动金。经过自己的不懈努力和打拼，建立了波特公司，结果在1966年收获了14.6亿美元的营业额。他的“波特王国”就是依靠对其他小公司的兼并，一步步做大做强的。

林克始终坚信一点：“这个公司需要一个优秀的经营者。”而在林克看来，这个所谓的“优秀经营者”，其实就是自己。很多人都称他是胆大妄为，但事实证明，正是这种积极自信的心态，使他十多年的奋斗，收获了丰硕的成果。

志当存高远！所谓志者，不过心也。一个拥有“鸿鹄之志”的老板，必先拥有超越凡人的心态，才能不断磨炼意志、修炼性格，培养起自律严谨的工作习惯。也正因为有积极的心态，才有更多的精力投入到市场风浪中，指点江山。

2. 修炼如何管理员工

公司管理包含两个方面：管理业务、管理员工。而业务的管理也要透过管理员工来实现。老板在其中的作用，就是培养领袖气质，修炼、提升自己的个人感召力和影响力。同时还要练就识人、用人、管人的本事，以员工为本作为自己的管理理念，实现“无为而治”。

1914 年年初，沙克尔顿在报纸上公开招聘队员，到南极探险。他在招聘启事中列出说明：路程危险、薪酬微薄、环境恶劣、危机四伏，唯一比较诱人的，也仅仅是在成功返航后，才能获得的荣誉。但令人意想不到的是，报名者竟然有 5000 多人。沙克尔顿从中挑选出 27 人组队，向南极进发。

经过 5 个月的准备，终于在 1914 年 12 月 5 日起航前往南极。沙克尔顿将“坚毅必胜”的家族座右铭刻在木船上，并将它命名为“坚毅号”。

沙克尔顿的船经过一个月到达威德尔海，但因为船身被冰川阻碍，他们不得不在危机四伏的海面上漂浮 10 个月。最终，“坚毅号”没能逃过巨大浮冰的碾压，沙克尔顿只好带领队员弃船登陆。

沙克尔顿不畏艰险，和 27 名队员徒步穿越冰雪，但猛烈的风雪让每个人的体能都消耗得很快，每天行进里程不到 3 千米。沙克尔顿觉得这样下去不是办法，队员必须停下来休息，恢复体力。于是他们在原地露营了 5 个月，在这期间，为了保持队员的信心，沙克尔顿每天谈笑风生，好像在他温暖舒适的家中。

又经过了 7 天的海上漂流，探险队到达了杳无人烟的大象岛，而此时，濒临体能和精神极限的队员，根本没法适应这里的环境，继续留在这里就是死路一条，往前走也许还有一线生机。于是，沙克尔顿决定冒险一搏：他要到南乔治亚岛求救。虽然岛屿北岸设有捕鲸站，但距他们所在的位置有 1300 海里，海面危机四伏，他们只有一艘 22 尺长的救生艇——“加兰号”。

沙克尔顿不会放弃这唯一的希望，他带领 4 个成员，在凶险的大海中度过 17 天后，成功到达南乔治亚岛南岸。救生艇没法靠岸，他们只能在风浪中苦苦挣扎了一个晚上。第二天，求救小队开始了最危险的路程，他们仅有一根绳索和两把冰镐，竟然在 36 个小时内翻越了连飞鸟都难渡的南岸冰山！

1916 年的 5 月 20 日，当沙克尔顿带领求救小队，成功抵达南岸捕鲸站时，站长根本不敢相信自己的眼睛。因为他知道，要从南岸穿越整个岛屿到达这里，需要怎样的毅力和勇气，能活着就已经是奇迹。

后来，有记者问和沙克尔顿一起出海的船员：为什么支撑那么久？有个船员回答说："我们坚信他不会丢下我们不管，而且一定会让我们活下去……"

这就是领袖的力量！沙克尔顿天生的领袖才能，使他获得了队员的无比信赖，他的个人魅力成为队员们的意志支撑。而沙克尔顿，也完成了他身为领袖的职责。

老板都希望自己能影响每个员工，在企业中有强大的号召力。如果能够更深刻地理解影响力，清楚怎样塑造影响力，管理工作就会变得更得心应手。

3. 修炼如何促进营销

销售产品，是每个企业竞争的主旋律，产品营销能否在日趋激烈的市场竞争中杀出重围，不仅决定着产品本身的命运，更会影响企业的兴衰存亡。我们讲了那么多年营销，多数时候都在把它当一门科学看待，却很少有人把它看成艺术。市场永远不会亏待企业，关键在于，企业的销售人员能否抓住稍纵即逝的机会。

因此，老板需要有能力打造一个有超强战斗力的营销队伍，为他们制定合理的目标、科学的策略、完善的结构和顽强的团队信念。只有这个团队在销售中打开市场，企业才能获得满意的业绩，在市场上站稳脚跟。

同时，老板也要为团队建立宽广的渠道关系网，保证产品质量的同时，提高产品信誉和售后服务，最终实现企业与客户的互利双赢。

4. 修炼如何利用资本

成本管理是现代企业管理的基本立足点，作为企业老板，不仅要有节约成本的意识，更要懂得如何控制好成本。

作为企业老板，虽然不会亲自管账，但必须掌握财务知识，对公司财务一定要熟悉，这样才能从财务报表中看出问题，调整预算、控制成本。同时，多学习投资、融资的知识，对企业的开源节流也会起到十分重要的作用。

5. 修炼如何打开局面

无论企业大小，一个成功的开局，会让企业发展事半功倍。所以，老板一定要做好开局修炼。首先，企业老板眼界一定不能窄，发展战略要切实可行，规划要从长远考虑、从大局部署。其次，管理思路和目标，要随着环境的变化，不断发展完善。最后，还要保障产品技术，维护企业安全，保持管理层廉洁等。适时抓住机遇，为企业发展打开新格局。

关于教练技术

教练技术在世界的发展

教练技术的出现和体育有着一定的历史渊源，是将体育教练的理念、方法、技术应用到管理实践而产生的一种全新的企业管理理论和方法。经过不断地发展，已经成为欧美企业家提高生产力的有效管理技术。虽然出现的时间不长，但发展速度却非常快，已经出现了一种全球性的“企业教练”现象。目前，企业教练已经成为顾问业中呼声最高、增长最快的领域。

目前，在美国大约有5000名专业教练，几十万美国人请过私人教练或接受过教练培训。几乎所有的美国主流媒体都关注过“企业教练”的现象。

1992年美国出现了第一所教练大学，其学生来自各行各业，主要是律师、会计师、演员、教师、顾问、管理人员、中小企业主等，还有心理医生和牧师。

目前，世界上已经出现了1000多个与企业教练有关的网站。在顾问业和人力资源培训方面，也出现了300多家的教练技术服务公司网站。

1995年教练技术被一家来自加拿大的公司引进中国，之后教练技术在中国获得飞速发展，短短几年就有3万多名企业管理人员接受了教练培训，毕业的专业教练也有近百名。

2001年教练技术走进了大学课堂，中山大学、香港科技大学、清华大学、复旦大学等都举办过类似的培训和专题演讲，教练技术在中国得到广泛传播。

2001年6月25日，在中国上海举行了“21世纪企业教练发展论坛”，标志着教练技术在中国已经规模化。

第四章 如同研究布阵去制定企业战略

问问自己究竟要排出什么样的阵形

自古以来，两军对战都要先列兵布阵，再结合兵法策略，展开厮杀。军队阵法即是作战队形，队形布得好，军队战斗力就会成倍增加，就容易克敌制胜。商场如战场，为企业制定合适的战略部署，才能无往而不利。

1955 年，"全球 500 强"的评选首次登上《财富》杂志，此时的沃尔玛，还是尚未出世的理想。经历了 10 年的风雨前行，它在 21 世纪之初，连续三年荣登"全球 500 强"之首，缔造了无可比拟的"环球商业神话"。

令很多人难以置信，当初一个小小的超市，短短几十年的发展，竟然成为雄霸一方的全球零售连锁集团，这不得不被称为一个奇迹。那么我们就来看看，奇迹是怎样诞生的。

1. 以顾客为中心

沃尔玛始终把服务顾客放在首位，甚至将经营信条放在每个卖场的醒目位置。沃尔玛坚信"顾客永远是对的"，而遇到任何问题，都会参照这一信条解决。

很多企业认为，口号还不好说？自信自己的口号比沃尔玛好得多。但是，只有沃尔玛坚持把这一口号做成行为准则。沃尔玛为了让顾客舒适地购物，店内通道、照明灯光，都严格按照人体工程学设计；卖场的服务员比其他店的都要主动热情；所有收银员工作时都必须站立，以示尊敬；任何一个距离顾客3米之内的营业员，都必须立即上前，微笑着询问顾客需求，并给予帮助。

2. 低价竞争

在产品营销上，沃尔玛也高人一等，他们相信“薄利多销”是零售业的销售法宝。他们长期奉行“销售的商品总是最低的价格”的口号。沃尔玛总是比他们的竞争对手，在产品价格上低5%。当然，长期维持这一战略并不容易，这还有赖于沃尔玛行之有效的成本控制。

①争取最低的进价。沃尔玛总会想尽一切办法，避开中间商，直接和供货厂家对接，其良好的信誉和资本基础，使其在议价上更具优势。

②建立最完善的物流管理。沃尔玛拥有全球为数不多的自物流体系，周转速度更快、成本更低，这就为实现“天天低价”提供了强有力的支持。沃尔玛对零售配送体现的革命，大大提高了效率，降低了运输成本。

③实现对成本的有效控制。沃尔玛十分看重成本，对每一笔营销成本都会实行严格控制。在美国前三大零售连锁企业（沃尔玛、西尔斯和凯马特）中，沃尔玛在广告上的开支，仅是第二名的1/3，而单平方米的销售额比第三名高出一倍。美国所有的零售商，平均销售成本占比和损耗率高达5%和2%，而沃尔玛却

是惊人的 1.5% 和 1.1%。

3. 创新型理念

沃尔玛首次在零售行业提出了“一站式”购物概念。它要求改变原有的商品结构，依照顾客的不同喜好，变换商品特色。比如你能想到的日常用品，几乎都可以从沃尔玛的卖场中找到：零食、玩具、日化用品、家居百货、水果蔬菜、电子产品等。

通过沃尔玛的案例，我们可以发现，企业部署战略和设计规划，要根据自身条件，结合外部市场环境进行不断修正。新战略要根据旧方案的实施情况，通过总结经验和结果反馈来反复调整，才能最终确定。

所谓规划战略，就是重新分配、组织资源。对外使企业的核心竞争力最大限度地贴合行业成功的关键因素；对内向员工传达做什么、怎么做、何时做的思想指导。那么，具体的战略部署该如何规划呢？

从宏观角度进行分析，明确找出机遇和风险。一般来讲，战略规划都要围绕取势、明道和优术这三个核心思想。其中，从宏观角度分析企业外部环境就是“取势”。

初步分析公司现有业务。分析重点从以下 4 个方面展开。

①行业规模。对公司所处行业进行规模分析，可以判断出行业对市场的吸引力。

②行业规模增长率。规模大不代表有活力，通过对规模增长率的分析，可以知道行业的生命力是否旺盛。

③行业产品结构。没有真正垮掉的行业，只有容易垮掉的企业。在企业发展过程中，对产品的选择至关重要，比如，数码相机代替胶片相机——柯达破产；触屏手机代替按键手机——诺基亚倒闭。

④行业竞争结构。知己知彼，才能百战百胜！企业只有看清赛场局势，摸准强弱格局，才能在复杂多变的商战中抢占先机。

对内部资源和能力进行分析。企业的内部资源包括资金、技术、人才、渠道；能力包括研发、生产、管理、销售。对资源进行分析的时候，就要整合全部内部资源，找出它们在市场、政府等环境下的优势和劣势。在进行能力分析时，还要对价值链中每个环节的能力，进行逐一分析，从研发到销售缺一不可。

分析企业新业务单元。要想构建新的业务单元，就要深入市场，搜寻市场机会、调查市场动态、确定市场定位。分析新业务单元时，同样要按照上述4个方面进行。

经过行业分析后，就要通过SWOT（战略分析）分析法，从企业内部总结提炼优势、劣势、机会和威胁，然后结合宏观分析，综合企业内外部竞争环境，形成全方位的分析结果。需要注意的是，企业的优势和劣势要由内向外看，而机会和威胁则要从外向内看。

针对国家政策和区域政策，公司也要进行系统分析，比如，国有企业，应考虑地级市委、市政府的具体规定；股份制公司，要考虑上级控股公司的整体战略定位。

把各方面的关系利益期望充分考虑进去。比如顾客、合作商、员工、管理层、股东和政府等。

公司已经存在的战略规划、发展使命、共同愿景，都要重新进行审计。

对行业中的优势企业，做深入研究和分析，重点借鉴他们的战略计划。细分的话，可以从管理、营销、财务等方面入手。同时要注意，不一定只是同行业企业，跨界领域也可以借鉴。

为公司确定宏观框架和长期发展规划。公司的新使命和新愿景，必须要放眼未来，尽可能长远。但是，一定要清晰，要让公司上下都明白，企业为什么存在，企业未来是什么样子。

针对业务，预测市场潜力，企业既然要长期发展，就要充分预判未来发展变化会给行业带来哪些影响。预测时要把握好定量和定性的平衡，做到两者的协调统一。通常情况下，可以采用线性和指数模型进行定量预测，用专家研讨的方法作定性预测。

对行业竞争程度进行全方位的评估，以中长期为参考，预判行业竞争变化趋势。

判断企业各项业务吸引力和竞争力时，通过 GE 矩阵（麦肯锡矩阵）推演，制订出各业务的战略计划。

运用市场分析法和比较法，提炼行业领域内取得成功的关键因素。所谓市场分析法，就是根据对行业市场中成功产品的分析，得出成功的关键因素；而比较法则是拿出成功企业和失败企业，作为样本进行比较，分析差别原因，从而找出成功的关键因素。

把企业所需的资源和能力作为研究对象，从现有量和重要性两个维度，对比分析当下企业和成功行业之间存在的差距。这些差距，就是企业应该不断改进、完善战略规划的地方。对比越频繁，需要调整的度就越小，企业就会离成功要素越来越近。

公司根据自身核心的竞争优势，组合业务、制订战略规划，为主要业务划分出等级，按照重要程度，依次定位发展战略。要将业务划分成三层，并且实现做着手里的、顾着桌上的、想着脑袋里的。

善于分析、借鉴成功的经营模式，尤其是竞争和盈利这两大块。分析竞争模式，可以指导企业做出并购、联盟，或是产品、技术、市场的选择策略；分析盈利模式，可以帮助企业了解利润来源。因此，一定更要选择可靠的盈利模式，为当下和未来制定合理的盈利策略。

为公司各项业务评定、选择各阶段的战略重点，明确业务竞争范围，计划具体策略和执行方法。这一过程，就是明确业务该做哪一步、怎么做、什么时候做的过程。

推动业务战略的实现，给业务战略的实施设置明确的时间点，分解重点环节，给出清晰的时间路线图，一步步按照计划实现战略目标。

战略目标的设立一定要明确，并以清晰的财务目标辅助，战略表述要尽量详细、量化。

确立“大政方针”后，提升核心竞争力是关键。依据其表现形式，以及依附载体，制订明确的增强方案。

体系的支撑战略必不可少。针对主力战略，企业还应考虑组织框架、资本运营、人力管控、信息管理、企业文化、监察审计等其他辅助部分的职能战略，力求为后续发展提供强化保障。

组建上层核心团队，寻找自我的主创人员

团队的成功重在合作，一致的目标、统一的思想、积极的行动，都是成功的必要因素。形如散沙的团队，是永远难成大业的。团结精神能汇集千万人的思想和行动，将团队的力量发挥到极限，再配合永不低头的拼搏精神，任何团队都能无往不胜，越走越远。

由巨人大厦，发展成为巨人网络，十年时间，史玉柱的核心团队一直追随；

由电商平台，发展成为电商龙头，十年时间，马云的核心团队从未离开；

由伊犁牧场，发展成为蒙牛集团，八年时间，牛根生的核心团队不离不弃。

凡是成功的企业，依靠的都不是企业家一个人，而是他背后稳固的核心团队。

> 巨人大厦成功挺过企业危机后，史玉柱说，除了他的经验，最重要的就是他背后的那一队核心人马，这些人是他在商场上拼杀的左膀右臂。
>
> 在史玉柱的核心团队中，有几个骨干，从一开始就跟着他干，最困难的时候，好几年都没有工资，但他们依然没有离开。在"脑白金"问世之前，史玉柱摸不准市场，他便向团队咨询，团队成员一致肯定，史玉柱才大胆在市场上推广。他把自己的创业历程比作登珠峰，而团队就是陪他一同登顶的队友。

一个团队，肯在最困难的时候，对领导者不离不弃，依然坚如磐石，这是对领导人多么重要的支持。这就是史玉柱的幸运之处，也是他能顽强地东山再起的坚实后盾。

团队的核心精神，就在于团结、积极、高效等。这一系列因素汇集到一起，就能组成凝聚力超强、战斗力爆表的先锋团队。那么，这样强大的团队又该如何建设和管理呢?

1. 人品一定要好

创始人就像企业的父母，其人品和管理能力，直接决定着公司的命运。身为 NetScreen（一家网络安全公司）的创始人，邓锋对这点深有体会。团队的目的无外乎获取经济利益，但优秀的团队远不止这一点，一个更重要的组成要素，就是人品。邓峰说："一个公司的创始人，不能因为我做得早我就是创始人，如果做事不行，那你就不配做创始人。"

2. 互补性很重要

所谓团队，不是一伙志趣相投的人在一起玩那么简单，团队要创造业绩，就要充分实现优势互补。这种互补，不仅体现在知识水平上、经验阅历上，还应包括性格特点和能力水平。

中星微核心团队的创立，出发点可没有“拉朋友一起创个业”这么单纯，创始人邓中翰首先找来了杨晓东博士。杨博士毕业于斯坦福大学，专攻电子工程，还在惠普和英特尔公司工作过，长期研究集成电路系统，他的行为频率高人一倍，邓中翰让他专攻技术。

接着，邓中翰又拉来金兆玮，这位老同学毕业于成都电子科技大学，市场经验相当丰富，练就了一身“磨人”的本领，多难对付的人都能应付自如，于是邓中翰专门让他管销售。

邓中翰的特点，就是喜欢从大局着眼，其知识体系和能力水平比较均衡，因此由他来主持大局。最终，一个“人尽其用”的核心团队就这样形成了，邓中翰的创业之路也随之起步。

3. 包容性不能少

知人善任，是每个领导者必备的能力；练就一双识人慧眼，是领导者整合人才资源的首要条件。但是，凡是人都会有缺陷，领导者要发挥他的长处，也要能够包容他无伤大雅的缺点。正所谓“宰相肚里能撑船”，凡成大事者，必定心胸似海，能容得下专业比自己强的部下。况且，包容力不仅有益于创业，也有益于每个人，能够让我们走出更宽广的人生。

4. 强者必谋大局

2002 年，中信资本由中信集团旗下两家公司合资建立，主营金融业务。但公司“生不逢时”，正好赶上了互联网经济泡沫的破灭，之后又遭遇美国“9·11 事件”，低迷的美国经济严重影响了中国香港的金融业务。和中信资本一样，很多大投行都纷纷裁员。

这些失败教训就是在警醒我们，要为企业发展作长远规划，切不可目光短浅。

经营创业企业，有不少成功的创业模式、创业策略，这些经验和思路都很重要，需要我们不断积累、学习。

不仅仅要有目标，还需要找到适合的呈现方式

企业的战略目标，就是企业在其重要领域中，完成使命的具体化表现，它可以从定量和定性两个方面为企业指出获得长期结果的实施办法。

企业可以根据战略目标，明确阶段时间内的发展层次；适当调整经营活动方向，通过设置业绩目标、发展速度、竞争地位等，落实企业发展使命。从性质来看，战略目标比企业使命更具体，更具有数量和时间特征，通常战略目标的实现要 3 ~ 5 年。为达目标，策划制定战略方法，则是为了更好地采取行动。

对战略目标的理解，可以从广义和狭义上来区分。广义上的战略目标，是企业未来发展道路上的里程碑，可以指导企业往哪个方向走；而狭义上的战略目标，则是企业选择战略的出发点和依据，也是企业应该达到的结果，可以指导企业怎么走。

一个战略目标的制定，通常都需要四个步骤：调查分析、初步拟定、评估论证、最终决断。

1. 调查分析

在制定战略目标之前，必须对企业的内外部环境做深入细致的调查和分析。在对原始资料进行初步整理之后，分别对企业优势和劣势、资源和环境、机遇和挑战、自身和对手等因素，作出分析并得出结论，进

一步论证、复核，从而厘清各因素之间的关系，并对企业现状和未来作出预判性的对比，以此制定出切实可行的战略目标。

前期调查必须全面，细致入微但又要找出重点。不同于一般的调查研究，战略目标调查要重在外部环境和未来预判。对企业的现状分析十分重要，但更重要的是，要将企业放在市场环境中，综合考虑各种因素的影响，同时着眼于未来，如此才更有利于企业发展。毕竟，外部环境对企业的将来会有决定性的意义。

2. 初步拟定

经过调查和分析之后，可以对目标作出初步拟定。一般需要通过两个方面进行：目标方向和目标水平。一方面，先要把企业战略放在规划经营领域内，然后综合之前的分析结果，依据企业的需要，确定战略目标发展方向；另一方面，企业要对现有资源和能力作出平衡性最佳的判断，为战略方向上开展的活动设置合理的水平目标。完成这两步，便可以形成可供选择的战略目标方案。

初步拟定的目标数量不宜过多，要根据企业的实际来定。在饱含内容的前提下，目标结构也要科学合理，要综合各项目重要性，进行排序。具体方法是：合并类似目标；从属目标归在总目标之中；将多个目标，通过函数求平均、求和的方法，总结成一个综合目标。

即使是初步拟定目标，也需要团队智囊的充分参与，方案可以多提，但一定要根据实际选择最优的重点方案。

3. 评估论证

初拟目标摆在桌上后，就要一一对其进行评估论证。这一步骤，需要组织各方专家，从专业的角度进行评估和论证。

（1）评估目标方向的正确性

对目标的有效评估主要包括：是否符合企业文化精神，是否符合企业所处的外部环境，是否符合企业未来的利益和发展需要。

（2）评估目标实施的可行性

具体方法是：根据目标要求，分析企业是否具备达到要求的实际能力，并明确实际与目标之间存在的差距，然后用可靠的数据来说明，企业是否可以缩小这个差距。如果企业有足够资源和能力，保证差距可以缩小，那么这个目标即为可行。反之，则是不符合实际的目标。

另外，如果企业处在相当有利的外部环境中，未来形势的变化也十分有利，企业可以轻松找到资源和途径，那么就应考虑提高目标水平。

（3）评估目标完善程度

这一步的重点在：

①目标含义是否单一、明确。一个合理的目标，必须有清晰的指向性，不能过于复杂；如果目标项目比较多，要分清主次；是否有明确约束条件；是否将责任落实到实现目标过程中。

②目标内容是否一致。目标内容指标应该相辅相成，不应牺牲一方而成全另一方。

③是否还有改善的可能。

如果需要对多个目标方案进行评估，那么就应通过比较论证的方法，权衡利弊，依照优势的优先级别，选择最合适的方案。

对拟定目标评估的过程，也是完善目标方案的一个过程。方案的不足之处，恰恰在这一步最明显，如果发现方案完全不切实际，就必须重新拟定，而后再进行评估，直到形成切实可行的目标方案。

4. 最终决断

目标的最终决断，要权衡利弊，方可最终敲定方案，比如，目标方向要有高度的正确性；目标实现程度要高；目标期望的效益要好。三方面要进行综合考虑，三项标准是越高越好。

此外，由于战略决策不像战术决策那样，有充足的时间进行完善，所以掌握好决策节奏也非常重要。不能操之过急，否则会导致决策失误；也不能优柔寡断，否则会贻误时机。

以上4个步骤是紧密相连的，从调查分析、初步拟定，到评估论证、最终决断，每一步都是循序渐进的过程，如果在后一步发现问题，就要返回上一步进行完善，这样才能保证最终方案的有效性。

关于教练技术

教练的正确定位是什么

教练是什么？他们的行为特点是怎么样的？要想实践教练式管理，就要清楚教练的正确定位。

1. 教练是一面镜子

现代心理学发现，在1～8岁，人们就会在潜意识里形成固有的价值观。在之后的岁月里，为了证明自己的这一套是正确的，他们就会进行证据的收集。

一厢情愿地让对方改变自己，或者将改变的方法直接告诉他，都是令其无法接受的，还容易形成盲点。就像镜子一样，镜子通常是不会告诉你如何穿衣服的，它只会告诉你穿得怎么样，从而让你自己去作调整。在每个人心里都会有盲点，教练的主要任务就是，引导被教练者将自己的注意力集中在问题上，看到其盲点所在。

2. 教练是一个指南针

教练就像是一个指南针，可以帮助被教练者明确自己的方向，促使其更有效和更快捷地实现自己的目标。教练是有方向性、有策略性的过程，在引导的过程中，教练与被教练者会进行不断的沟通，了解到被教练者的心智模式，发现心智模式所导致的行为模式。

教练就像是一个指南针，不仅要引导被教练者看到自己的问题所在，更要让他们看到自己的目标所在。因为只有看到了自己的目标，整个世界才是敞亮的。教练的“指南针”作用主要体现在两方面：一是帮助对方向内挖掘潜能；二是向外发现行动的更大可能性，让被教练者快速有效地达到目标。

3. 教练是有效的催化剂

在化学反应中，催化剂本身是不参加化学反应的，但会促使化学反应快速进行。教练也一样，教练并不会亲自帮被教练者解决问题，只会告诉运动员该怎样解决问题。

在企业里，很多员工之所以无法取得理想的绩效，并不是能力欠佳，而是因为忽略了自己本该发挥出来的潜能。如果在教练的帮助下能够厘清自己的目标，被教练者的潜能也可以充分发挥出来。

第五章 企业的氛围就是最好的运动氛围

工作场——就是企业的运动场

对于运动员来说，运动场是其驰骋的场所，离开了运动场，就像鱼儿离开了大海，运动员便不能自由自在地畅游；同样，对于职场上的员工来说，工作场所就是其一展才华的地方。

良好的工作环境，可以带给员工饱满的工作热情和持续的工作动力，使其全身心地投入到工作中去，同时也有利于员工产生更多发散型的思维；反之，恶劣的工作场所，员工的热情和积极性就会顿时消散，从心里产生抗拒，降低员工的活跃性。然而，我国很多中小型企业并不重视对工作场所的塑造，通常认为只要提供出一个场所即可。

在日常生活中，我们经常看到的就是这样一种工作场所：一个公司，占据写字楼的一层空间，然后用一排排的“格子间”填满。员工们在开放的办公场所中，各自占据一个半开放的小空间，形成了一种有趣的、既开放又封闭的办公环境。在这样一个工作“社区”里，除了敲打键盘的声音外，还有讨论声、八卦声、哈欠声等。工作如果进入停滞状态，就到附近的茶水间喝杯茶、聊聊天。

多数白领，就这样日复一日地忙碌在这些“格子间”里。他们没有了传统办公室间的厚重围墙，却也不得不把自己的一部分隐私暴露给同事。员工间只有一道隔板，看文件也好、上网聊天也好、打私人电话也好，不管你在干什么，随时都会从四面八方露出一对眼睛、伸出一双耳朵。

一些来自澳大利亚的专家们经过研究发现，这种格子间式的办公室，其实对员工来说并没有好处，无论是对工作，还是对身心健康；在这种环境下办公，员工会因为丧失一部分隐私而失去自我，进而产生健康受损、情绪过激、效率低下等问题，而且普遍对工作不满意。

另外，开敞的环境还有利于微生物的扩散，这也就是为什么在办公室里经常会出现大规模流行感冒的原因。不仅如此，这种场所还会造成员工压力大、血压高，致使人员流动加快。

很多天才都认为，工作场所设计的重要性不亚于产品技术的开发，这就说明办公环境对企业发展至关重要。首先，员工的工作情绪，会根据办公环境变化，轻松愉悦的环境，会使员工觉得工作轻松惬意；其次，不同的工作领域，有不同的工作方式，区别对待并合理聚合，便可以有效提高工作效率；最后，科学设计工作环境，可以促进员工有效、快捷地沟通，无论是成员之间、团队之间，还是员工与客户、内务与外勤，都会建立起良好的沟通方式。

对于办公场所的设计，我们不妨参考一下知名企业的做法。即便我们没有能力做到这一点，也可以从中学习一下。

很多人之所以会选择到 Google（谷歌）工作，不仅是冲着全球搜索巨头的名号而去，很多优秀人才更看重的是优厚的待遇和羡煞旁人的工作环境。

在 Google 的企业理念中，工作既是生活的一部分，也是乐享生活的源头。Google 的企业创造力，便来自轻松自由的文化氛围。上班时携带宠物；工作累了，有按摩椅、台球桌；想活动一下，走两步就有健身器材……这些在Google的办公大楼里，都可以实现。

不仅如此，办公区域的划分，用不同的色调主题搞定，既明亮又鲜活。员工还可以用“公费”改装自己的办公区域。

在Google上班，员工有充分的自由，可以不穿西装、套装；可以按照自己的作息工作来工作，早起、晚睡都可以，甚至可以选择白天睡觉晚上工作。公司会以最大的弹性，满足每个员工的需求，充分对他们表示信任。

工业发展和科技进步，促使办公硬件越来越高端，但与此同时，员工对办公环境的要求也越高。研究表明，如今环境对工作效率的影响比过去更加突出，在更舒适、更整洁、更明亮的办公场所，员工的工作积极性更高，相应的效率也更高。

作为企业管理者，只考虑“管人”是远远不够的，还要在办公环境上下功夫。老旧的办公设备，不论是电脑、打印机、传真机或是其他，都要尽早淘汰。此外，要重视网络建设，提高办公室网速。这些改变，都会有效提高整体工作效率，不用把时间都浪费在维护设备上。

硬件有了保障，软件也不能落后。所谓软件，不单指电脑软件，还包括办公室空气、温度、亮度和陈设等。只有为员工提供一个感觉更惬意的环境，才能激发出他们的工作欲望，正所谓一流的环境创造一流的业绩。

拒绝形式化，别把工作场当成排练场

周一，早晨8：00，某企业的员工身着工作服，匆忙赶到公司、打卡、开早会，然后开始工作……中午12：00，打卡、下班，下午2：00打卡、上班……

这个人，是你，也是我，是我们身边的每一个职场人的真实写照。日复一日、年复一年，每天都在重复昨天。如果不是工作内容的不同，似乎永远都会停留在这一天。

目前，像这样管理的企业不在少数。企业要求员工时刻扮演好自己的角色，该什么时候出场，就必须什么时候出场，早一分钟、晚一分钟都不行。可以说，从员工踏入企业的大门开始，管理者就为他们制定好了角色，规定好了他们的服装、出场时间、工作内容……

那么，这种形式化的管理，就真的那么好吗？不同的成功企业，总有相似的成功秘诀。微软的工作时间制和Google（谷歌）如出一辙。

微软规定，每天可以“工作任意小时”。微软的员工，从不用打卡上下班，没有朝九晚五的繁文缛节。微软倡导“家庭式办公”，将工作时间制度极致升华，甚至连每天的工作小时数都没有硬性规定。通过这种管理方式，充分体现了公司对员工的信任，也表达出微软员工对公司负责的态度，以及对个人成功的渴望。

从表面上看，微软工作制度非常松懈，但正因如此，每个微软员工都会在心里绷着一根弦：把最佳时间用在工作上。很多企业都会为员工设定工作时间，包括上班时间、下班时间、工作时数等，意在利用最多时间做最多的工作。

但事实上，员工只是把时间花在了办公室里，不一定做了更多的事，如此工作效率反而不真实。相反，微软的管理制度，意在让员工在最佳状态时工作，效率就可能是疲惫状态的数倍。所以，如何利用工作时间制度提高工作效率，是管理者应该深入思考和学习借鉴的。

在微软工作，效率至上。“时间是金”的企业理念使得微软人从不浪费一刻，这也体现在公司会议上。当大多数企业还在“每天一小会，几天一大会”地运作时，微软却“不到关键时刻，决不开会”。

在微软看来，会议的作用在于决策，所以他们会充分准备并在关键时刻开会。每次会议都会安排有针对性的议题，并且必须讨论出切实的结果，决不允许“下次会议再讨论”的情况发生。

微软就是靠这种高效的管理，使每一次会议都可以产生推动力，这也反映了微软对会议的重视。

职场不是排练场，作为一名管理者，切不可注重形式化。面对形形色色的员工，不能用一刀切的方式规定好他们所扮演的角色，统一他们的服装、说话方式、工作时间、工作方式……要知道，每一个员工都是一个特殊的存在。一个成功的管理者，绝对不是一个法西斯独裁者，而是一个懂得人性化管理的人。

可喜的是，在国内，已经有不少企业围绕员工采用了人性化的管理模式。

1. 商银信：以人为本，人性关怀

商银信成立之初，就把企业经营活动的出发点落在了“人”上。所有业务的开展，都本着关怀人、爱人、尊重人的态度，致力于为人们带来更人性化的服务。

商银信董事长林耀先生说：“企业的一切都是人从事的，企业的成功也是每个人的成功，只有通过对员工的尊重、关怀、理解、信任等，才能充分挖掘出员工身上蕴藏的巨大潜能，从而为企业创造出更美好的未来。”

凭借对以人为本管理之道的坚持，林耀先生带领自己的团队，从一家不起眼的小公司迅速发展成为规模庞大的企业。

2. 琥智数码科技：员工可随意挑选上班时间

琥智数码科技，位于合肥市高新区，企业成立以来，从未规定员工要按朝九晚五的时间上班，而是给他们三个时间，随便挑。这三个时间段分别是：早上8点至下午5点、早上9点到下午6点、早上10点到下午7点，中间休息一小时。企业的员工都觉得这个规定很人性化，可以方便地安排工作和生活。

3. 三仁智能工程：女性专享每月半天休假

很多身在职场的女性，都会抱怨不公平待遇，但在三仁公司里，女性员工有男性员工没有的特权：每月休假半天。最特别的是，这半天是“无条件休假”，不包括在日常休假和法定休假之内，而且不扣薪水，甚至不用提前打招呼，只要事后说明是行使“特权”即可。

4. 鑫淘电子商务：员工也是食堂大厨

别看安徽鑫淘是个搞电子商务的公司，它也是实实在在的“厨师训练营”。公司每天中午的伙食，全部由员工亲自下厨。一个“80后”的经理，带领一群“90后”的员工，在办公室里学起了做饭，还时不时地相互切磋厨艺。这个过程不仅解决了午餐问题，还可以增进员工之间的情感，让他们产生“家”的感觉。

如今，全球经济融合进程不断加快，不管企业领导者是否意识到这一点，国际化竞争已经近在眼前。企业领导者不能再像过去一样闭门造车，应该打开眼界，以全球化的视角看待管理，只有这样，才有助于提高管理质量和水平，才能在激烈的竞争中立于不败之地。

进入工作场就像进入竞技场，是战斗而不是演练

金庸先生曾说过一句经典名言："有人的地方就有江湖。"人来人往的职场，亦可称为"江湖"。虽然谈不上"江湖险恶"，但危机和竞争无处不在，有时甚至还会遭遇"陷阱"。所以，身在职场如走江湖，困难重重、危机四伏，说职场如战场，一点也不为过。

职场是一个看不见硝烟的战场，这句话形容得非常贴切。职场中处处充满较量，与高手较量，不留一丝痕迹，你便会输得一败涂地。职场如战场，只要你脚踏进去，别无选择，只能拼。可以说，在职场的每一天，都是在打仗，每一场战争只有生死输赢，不可能重来一遍。

在职场中，任何一位成功的管理者，无一不是将工作当作战斗的人。柳传志曾经说："企业成功跟我有一定的关系，但不是全部。这一定的关系之中，跟我在军队里养成的性格又有一定的关系。"正是由于在军队中的熏陶，柳传志在职场中敢于打硬仗，才打造出一支敢于打硬仗的团队。

既然每个人都要生存、都要养家、都要发展，那么职场也就成了人生无法逃避的战场，只有具备顽强的毅力和高超的技巧，才能持续在职场打拼。面对职场挑战，不但要求领导敢于"亮剑"，还要求团队也充满战斗力。战斗力强的团队，会成为企业的一把利刃，使企业所向披靡，收获更丰硕的成果。那么，团队战斗力该怎样提升呢？

首先，让员工会打仗。

阶段一：告诉新员工他们是来干什么的。

让新员工有自己的工作空间，安排好相关设施。

开个新员工见面会，介绍大家认识。

单独面对新员工，让他们了解公司，同时了解他们的经历、背景、规划，告诉他们的工作内容和职责。

及时发现和纠正新员工的工作问题，做得好的地方要及时表扬。

让新员工多接触老员工，尽快熟悉和融入团队。

阶段二：告诉新员工怎样才能干好。

带领新员工到各个部门熟悉环境，并告诉他们设备怎么用、文件到哪儿找。

把新员工安排在近处，便于观察和指导。

关注新员工工作情绪和状态，帮助他们及时调整，并对他们传授经验，鼓励其参与实践。

多观察生活和工作细节，新员工进步时不要吝啬表扬，适时提出更高期望。

阶段三：告诉新员工干不好就走人。

清楚地告诉新员工工作要求和需要掌握的工作方法，说明考核要求和指标。

鼓励新员工参加公司集体活动，从中发掘其优点和特色。

给予改正错误的机会，设置必要的困难，考察其面对逆境的心态，评估培养价值；适当给予压力，如果无法独立突破，考虑是否可以调到其他部门；要讲明公司规定、成果要求和应承担的后果。

其次，激励员工爱上打仗。

阶段一：把员工成绩看在眼里，不吝赞扬。

经常关注员工的工作状态，发现做得好的地方，或是比之前有很大进步时，给予肯定和表扬，也可以给予一些奖励；最好不要过去很久才表扬，当下鼓励，才会产生最好的激励效果。

鼓励形式要多种多样，可以不隆重，但要正式，还可以制造一些惊喜。

员工获得好成绩，可以在公司里展示、宣传，也可以授予他更多自主权；但切忌只提要求、不给鼓励，只挑错处、不看优点。

阶段二：把员工需求记在心里，适时关怀。

要真心关怀员工，关注员工需求：员工因家庭、生活、工作产生迷茫、懈怠、消极等情绪，要适时给予支持和鼓励，多注重沟通，必要时为其提供帮助。

员工生日应该记住，并在生日当天组织部门集体庆祝；要记录员工或部门发展的大事，每经历一次突破和进步，就要给予肯定和鼓励；关怀不能只走形式，要走心。

阶段三：把员工成长落在实处，鼓励主动。

多组织一些“头脑风暴”式的会议，鼓励员工开动脑筋，提出自己的新想法、新意见；员工提出好点子，要认真考虑，即使建议未被采纳，也要给予肯定。

建立团队激励机制，经常搞一些讨论性活动，为团队营造积极自由的文化氛围，好的想法、经验要多交流、探讨。

给予员工充分的发言空间，鼓励员工自主发言，并理性地对待发言内容，不可独断专行。

最后，帮助员工做规划。

阶段一：赋予员工使命。

帮助员工找准自己在公司中的位置，准确定义工作价值，明确自己

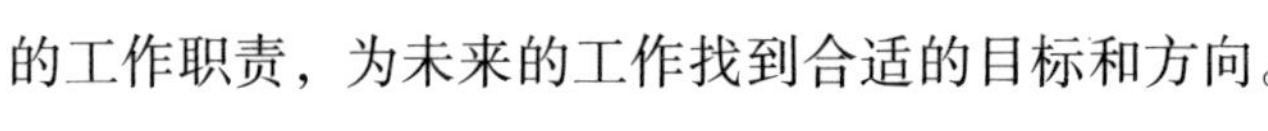

的工作职责，为未来的工作找到合适的目标和方向。

关注员工思想情绪的变化，要对员工状态保持敏感；如果员工出现了一些幼稚、负面的问题，就要转换工作方式，可以提出一些正面的解决方法，也可以给出一些积极的建议。

向员工强调公司的战略意图，明确工作意义和成果，将公司的共同愿景和价值理念放大；提升员工的凝聚力和职业素养，培养高效的沟通方式，聚焦绩效提升。

要与员工分享公司的重大决定，在第一时间传递振奋人心的消息；抓住一切机会，激励员工投入工作。

阶段二：培养员工情感。

通过团队活动，发掘员工特点和优势，寻找适合员工个人发展的工作规划。

不定时地和员工谈心交流，了解员工的生活和工作状态，加深员工间的情感交流。

营造良性的团队工作氛围，成员间既要相互帮助、监督，也要相互竞争。

定期组织团队成员参加集体活动，增进队员感情，形成坦诚、真挚的人际环境，进而增加团队凝聚力。

阶段三：引导员工思考。

每季度要做绩效面谈，总结工作，时间最好在1小时以上，每季度至少两次；面谈前要充分调查，谈话要有重点，有理有据。

绩效面谈的主要作用是：明确工作目的；让员工作出自我评价；总结前一段工作获得了哪些成果、存在哪些问题、该做哪些努力、和其他同事有何差距等。

领导对员工工作进行评价时，要根据真实情况，结合表现、能力和成果，肯定员工的努力，再提出存在的问题，提出问题和建议时，最好以事实案例为依据。

协助员工制定个人工作目标，激励他们敢于为更高标准做出承诺，并时时监督工作进展，帮助员工成功实现既定目标。

多和员工讨论未来的发展方向，为其提供更多发展机会，可以每3～6个月发放一次报告，进行书面反馈。

鼓励员工多学习，为他们提供培训机会，给予合理化建议；协助员工制定阶段目标，并监督进程；少关注员工犯过的错，多探讨未来发展。

为员工营造舒适的环境，员工才能安心

员工都喜欢在空气清新、场所舒适的办公环境中工作。有些人甚至还会觉得，如果能够在这种舒适的环境里面办公，也算人生的一大美事了。

舒适的办公环境，不仅可以激发员工的创造性与工作积极性，还有利于员工的身心健康。那么，如何来营造这样的工作环境呢？

办公环境的好坏，有很多影响因素，其中物理因素居多。营造一个利于身心健康的环境的同时，还可以提高工作效率，那么，应该注意哪些方面呢？主要有这几个方面：微小气候、噪声、照明、色彩、电磁辐射。

1. 微小气候

指的是办公环境中的气候环境，主要包括空气质量、温度、湿度、气流和热辐射、人的生理和心理等。这些因素都会被这些气象因素影响，员工容易产生疲劳感，导致工作效率下降。其中，空气质量和温度

是最重要的因素。

室内要经常通风，让新鲜空气可以不断补充进来；安装了空调的办公室，要定期换气通风；室内最适宜的温度在24℃左右，湿度在40%，这种环境会让多数人感到舒适。

2. 控制好噪声

杂乱的噪声不仅会影响人的听觉，还会分散人的注意力，使人产生烦躁感，从而影响工作情绪；严重的还会造成反应迟钝、语言交流障碍等。因此，一定要制止噪声，保证人们可以比较正常地进行工作。

3. 合适的照明

在工作中，80%的信息需要通过视觉获得，满足适当的照明条件，信息传递的速度和准确性都会比较高。如果照度不够均匀，或者照度偏低，就会造成视觉疲劳，人眼就会干涩、疼痛、看不清东西，加速近视，导致工作效率降低。所以，办公室照度一定要合适。

4. 合理的色彩

科学证明，颜色可以影响人的情绪，进而影响生理变化。比如，红色、橙色、黄色等暖色，可以让人兴奋，但也会造成不安；像蓝色、绿色、紫色这样的冷色，可以让人冷静，但也会造成忧郁。

即使是相同的颜色，鲜艳的和灰暗的也会产生不同影响：鲜艳的颜色让人感觉轻松、愉悦；灰暗的颜色令人觉得压抑、烦闷。因此，在办公室环境中，要充分利用积极、轻松的颜色，避免灰暗、阴沉的色调，为员工创造舒适、健康的工作环境。

5. 电磁辐射

电磁辐射是信息化办公不可避免的产物，频率在100KHz～300GHz的电磁波，会对人体产生慢性影响，这种影响是可逆的。长期在这种环境中工作，会严重影响视觉，经常出现眼干、疼痛的状况，视力还容易下降。

长期保持一个姿势坐着，还会引起颈椎增生，使颈椎逐渐趋于正直，生理弯曲度逐渐消失，进而产生病变。另外，国家制定职业卫生标准的时候，为了保护视频作业人员，要求他们在在岗时，每两年进行一次体检。

增强归属感——打造优质工作场的终极目标

放眼全球，凡是著名的成功企业，可以在世界市场中屹立不倒，人才因素至关重要。那些顶尖企业总是能吸引更多人才，并且善于运用人才，这些人才也更愿意留在企业中。优秀的员工，都需要一个健康、自由、积极向上的工作环境和企业氛围，能让他们忠于企业的，就是企业给予他们的强烈归属感。

英格玛人力资源集团成立于2002年，其以“家文化”为特色，在工作中渗透了员工生活的点点滴滴。不论男女，不管开心伤心，只需“家人”的一个拥抱，就会在公司中得到一个温暖的回应。

只要是英格玛的员工，其家人就是集团的家人。2004年，英格玛开始实施“员工孝顺金制度”。企业每月都会从员工的工资中代扣50元，公司再补贴50元，将一年积累下来的1200元作为“孝顺金”。之后，分别在中秋节和春节两次邮寄给员工父母。同时，公司还会附上一封由总裁亲笔签名的慰问信。

员工的归属感是什么？当员工在某个公司工作一段时间后，会对公司的企业文化、价值观、人文环境有一个总体的评价。当个人的思想、情感和企业产生共鸣，感到认同、安全、公平时，就会自然而然地将工作看作使命，完成每一项工作都会产生成就感，久而久之就形成了归属感。

这不是一个简单的过程，但归属感一旦形成，就会在员工心中产生强烈的责任感，从而调动内在动力，约束自己、激励自己，奉献自己的全力，回馈企业。

企业发展首先要依靠员工，要想让企业发展平稳、快速，就要将员工利益放在首位，致力于充分调动员工积极主动性，激发创造力；关心员工需要，帮助他们解决现实问题。要不断增强员工对企业价值的认同，促进企业文化的融入，增进员工和企业的情感交流，帮助其培养自信，激励他们参与企业管理，激发员工的归属感。

具体来说，可以从以下几方面做起。

1. 增强员工对企业价值的认同

在现代企业管理理念中，员工的个人事业发展、利益需求，同其余的发展和利益应该是融为一体的。企业的荣辱兴衰会影响每个员工的切身利益，而每个员工的工作表现，同时会成为企业发展的重要影响因素。

企业的壮大离不开员工的辛勤付出，企业放员工在心上，员工才会担责任在肩上。因此，增强员工对企业价值的认同，是使员工产生归属感的首要因素。

具体来说，要从两个方面着手：

①让员工了解自身的角色定位，明确自己加入企业的动机，清楚企业的价值导向，并将自己的个人目标和企业的发展目标相融合。要让他们清楚地知道，该采取怎样的行动完成任务、履行好职责；通过怎样的努力，能实现目标业绩，实现自我价值，促进企业发展。

②要在物质和精神上充分满足员工的需求，使员工个人价值同企业价值达到一个完美的平衡点。对员工成绩的肯定，可以体现在工资和福利上，也可以给予广泛的表彰。每个员工都有不同的薪资期望，要满足所有人不太现实，但是领导者要将人力看成资本，而非成本，更不能看成包袱。所以，基本的物质待遇不能降低。当然，高薪也不是留住人才的长期办法。合理的管理制度和激励机制，才是用好人才的关键。

2. 促进企业文化融入员工内心

企业文化是现代企业管理的黏合剂，它的地位非常重要，可以从员工的精神层面和企业完成黏合，使个人期望融入企业愿景中，达成共同的发展目标。创造浓郁的企业文化氛围，就是要让员工了解先进的科技思想、经营理念，自我约束、提高水平，树立良好的企业形象，增强团队凝聚力和竞争力。企业文化的浓郁度，直接影响着员工归属感的强弱。

企业文化被看作企业的软实力，在满足员工物质利益的基础上，进一步满足了员工的精神需求。真正把员工放在心上的企业，会最大限度地丰富和完善企业文化载体，开展各种形式的文体活动，为员工融入企业文化创造更多的机会，引导他们积极参与其中。

同时，企业还要做好行为规范的建设，在员工中产生独特的道德文化，并因此自觉规范职业道德，从而形成强大的精神力量，自觉规范自己的行为，与企业间建立“家庭”般的情感共鸣，员工归属感自然油然而生。

除此之外，积极促成良好的学习文化氛围，对企业来说也十分重要。浓郁的学习氛围，可以激发员工向上的斗志，积极进取。企业还要给员工创造更多的培训机会，通过安排科学合理的培训课程，促使员工掌握更多知识和技能，提高他们的专业技术水平，适应岗位转换需要。

岗位培训，可以让企业不同部门的员工相互交流、学习，达到资源共享、协调共生的目的，并通过创造性地融合所学，不断完善自身工作思维和方法。由此，员工工作能力和职业素质就会提升至新的水平，工作质量也会进一步提升。

3. 增进员工和企业的情感交流

杰克·韦尔奇曾说："沟通、沟通、再沟通。"沟通对于情感的交流至关重要。对于企业和员工来说，员工通过沟通，表达自己的想法，不仅仅是释放情绪，更重要的是促进社交；企业通过沟通，可以有效地传达指示，在员工和管理层之间，形成自由、公开、诚实、互信的交流氛围。

沟通一旦变得有效和畅通，就可以加速领导者和员工之间的真诚对话，促进员工与员工之间的思维碰撞、情感升华，从而避免产生过多误解，使员工能有一个好的心态投入工作。

除了沟通渠道的拓展，还要从内容上考虑，多关心员工的生活、学习和工作；在日常工作中，要增进感情交流、融洽人际关系，为员工想到前头、做到前头、帮到前头。

对于员工的家庭生活，企业领导也要给予必要的关注。时刻关切员工的生活困难、生病患疾、孩子升学等问题，深入了解员工的想法和感受，帮助他们排忧解难；主动倾听员工的意见和建议。这样，员工就会获得成就感和满足感，感到自己为企业发展做出了应有的贡献，也为员工提升自我价值奠定了良好的思想基础。

4. 帮助员工培养成长自信

员工不能只停留在当下的工作上，真正优秀的员工总会为自己设定未来目标。一个真正对企业有归属感的人，会将自己的发展目标和企业未来融合在一起，做出理性的规划。

因此，企业也要将员工的未来发展考虑到位，替员工找到个人在企业未来中的位置和价值，并为此帮助他们提升和发展。这样，企业才是有魅力的企业，员工就容易产生归属感，优秀的人才就会愿意留下。

企业机制建设，对培养员工的成长很有帮助。企业打破规则限制，为员工搭建起一个提升平台，打通发展通道，就可以有效帮助员工增加信心、提供动力。为此，企业应该遵循公平、公正、公开的原则，择优竞选；要完善人力资源配置和团队组织的建设，改进分配制度，健全薪资体制；完善选拔和考核制度，制定适当的分配激励机制，为员工提供良好的晋升机会；帮助员工完成未来的职业规划，确立清晰的价值目标、明确的发展方向、宽广的职业前景。

另外，要保证工作环境和发展机会的公平性，更加公正地对待员工升迁和降职，要有充分的理由，不能凭领导者喜好来，违规行为更要坚决杜绝。员工只有在公正的审核制度下，凭实力竞争上位，才能让真正有才能的人为企业发展发挥推动作用。如果能让人力资源实现能者上、平者让、庸者下，企业便可以真正实现长足发展。同时，企业岗位机制应该更加灵活，鼓励、支持、帮助他们实现岗位转移，企业才更具活力。

5. 激励员工参与企业管理

现代企业更像一个大家庭，每个员工都是家里的一分子，自然应该承担身为家庭成员的义务，为企业管理出谋划策。主人翁思想，也是员工归属感的重要体现。如果员工愿意积极参与企业管理，那就说明，他已经把个人的荣辱和未来与企业紧密地联系在了一起，愿意荣辱与共的员工，工作才会忘我，业绩才会更好。如果员工愿意把企业当成家，愿意与企业同呼吸、共命运，他就会对工作充满热情，充分地发挥聪明才智，为企业做出贡献。

既然要增强员工的“主人翁”精神，企业就要给予充分的信任和关怀，了解员工的思想动态和情感变化，为员工安排合适的岗位和工作，充分激发其创造力和驱动力。与此同时，不定期组织岗位技能、思想道德、责任意识、廉政教育等培训，加强思想政治教育；与员工进行深入的交流和沟通，为日常工作创造良好的学习环境，加强学习教育；创造良好的管理条件和环境，以发挥员工最大的参与作用。

作为员工，要树立“企兴我荣，企衰我耻”的思想观念，切实做到爱岗敬业，以主人的心态积极参与企业管理，为自己的本职工作赋予强烈的责任心。作为企业，要为员工创造良好的参与条件，促进员工参与积极性，如此才能让企业发展得越来越好。

企业要想立于不败之地，人才是一个非常重要的因素。要想吸引优秀人才、用好优秀人才、留住优秀人才，就要切实把员工放在心上，尽可能地激发员工的创造力和积极性。只要员工真正把企业当作家来看待，发自内心地与企业共荣辱、同命运，归属感自然就深入人心。

为员工服务，员工才会为客户服务

《圣经·马太福音》中写着这样一句话：“你希望别人怎样对待你，你就应该怎样对待别人。”绝大多数的西方人，都会将这一理论当作“黄金准则”，并在待人接物上身体力行。中国也有一句古话：“己所不欲，勿施于人。”懂得尊重，是做人最基本的原则。

所谓尊重，就是站在对方角度考虑，设身处地地、全面地为对方着想。最先接触到顾客的，永远是忙碌在第一线的员工，越是身居高位的高级主管，离顾客越远。因此，员工的工作质量，直接影响着顾客对产品、品牌、公司的态度。

作为领导，应该充分认识到员工的工作重要性，给予足够的关心、指导和支持，保证员工以更好的状态服务于顾客。对企业而言，员工就是企业的第一批“顾客”，他们是企业中的活跃分子，管理和控制都需要很大的精力。

管理者最重要的任务，就是管理好这些员工，设身处地地为员工着想，想尽一切办法满足他们的需求。那么具体该怎样做？答案就是：为员工服务好。

作为全球零售业巨头，沃尔玛也拥有全球数量最多的员工，虽然身为雇主，但在沃尔玛工作的员工，从来不会被当作“雇员”看待，他们是沃尔玛的“同事”和“合伙人”。

在公司内部，明确规定上司要称下属为“同事”而非“雇员”，就连沃尔玛的创始人都不例外。沃尔玛的员工都有各自的明确分工，很少出现歧视现象。与其他企业不同，沃尔玛的服务关系，呈现出倒金字塔状，领导者在最底层，员工在中间，顾客在最上面。

在每个沃尔玛员工的工牌上，除了名字，就是“我们的同事创造非凡”的口号，唯独没有标注职务。因为在公司内部，虽然职责不同，但普通员工和老板没有明确的上下级之分，更没有“老板”和“下属”这样的称呼，大家就像朋友一样直呼其名，随处可以感受到亲切、平等、随意的气氛。将平等意识植入员工内心，他们就会觉得自己在公司里同样重要，于是更加热爱和专注于自己的工作，为自己和公司谋取利益。

沃尔玛的管理者，对待员工都必须真诚、亲切，要尊重下属，不能对下属训斥和恐吓。创始人萨姆·沃尔顿认为，人的因素至关重要，优秀的领导者要将这一要素放在对待人和业务的每个环节中。制造恐怖氛围，只会让员工感到紧张，他们不敢提出问题，企业看不到问题，就会越变越糟。

员工的个人品行和家庭状况，也是管理者必须了解的方面，要清楚地知道他们的困难和希望，同时对他们表示尊重和赞赏。

关心员工的变化，才能协助他们成长和发展。作为公司领导者，萨姆·沃尔顿首先作出榜样——有一天，沃尔顿工作到凌晨两点半，在回家的路上，经过公司的一个发货中心时，从装卸工那里了解到，员工宿舍的沐浴设施太过陈旧，第二天便找人更换了新的设备。这一举动让员工们深受感动。

像沃尔玛这样的倒金字塔式的组织关系，会出现“公仆领导”。他们位于整个框架的最底层，上面以员工为基石，顾客永远在最上面。领导者服务于员工，员工服务于顾客。只有服务好顾客，公司和员工才能获得更多利润。

作为与顾客亲密接触的员工，良好的工作状态至关重要。所以公司领导者最重要的工作，就是关心员工需求，帮助、指导和支持他们的工作，保持他们的自豪感和积极性，鼓励他们给顾客带来更好的服务。

2013 年，欧凯龙在济源家居市场开展了很多热闹非凡的营销活动，不到两年，就使整个家居广场的气氛活跃起来，他们究竟有什么秘诀?

欧凯龙的成功秘诀就是：员工服务顾客，领导服务员工。他们认为，领导者尽心、员工用心，就会给顾客带来优质的服务。首先，领导者要极尽心力，打造一个安心、舒适的环境，供员工工作；之后员工便可以用轻松愉悦的心态服务顾客。

欧凯龙的企业文化，就是给员工尽力营造一个尊重、互信、互助、关怀、共赢的工作环境，帮助员工实现个人发展。

一般来说，企业管理的佼佼者都懂得为员工服务。只有懂得为员工服务，员工才不会消极地对待工作，才会乖乖地在你的领导下进行分工合作，你才会带领出一支优秀的团队。尤其是对于一些高素质的员工来说，他们更希望被服务、被理解，而管理者恰恰就是打开这把锁的钥匙。

然而，在现实中，也有一部分企业的领导者认为，员工就是为自己打工的，员工应该为领导者更好地服务。这样一来，不仅影响了员工工作的积极性，还容易造成人才的流失，从而使企业陷入危机。

同时，从某种意义上来讲，领导者能否为员工服务，还是衡量其是否成功的一个标准。那么，作为企业的一名管理者，应该如何努力成为一个懂得为员工服务的人呢？

1. 关心员工身心健康

某公司领导很懂得为员工着想。有一次，一个研究对数计算器的工程师告诉领导，公司的工作计划同他在几个月前达成的夏季度假租房协议有很大的冲突。领导听后当即表示，如果因为对数计算器打乱了他的个人计划，他可用自己的别墅去度假。

听了领导的话，这位工程师备受感动。为了研究课题项目，他不仅没有去别墅，反倒搭上了自己的整个假期。

不仅如此，在他们企业中，随处可见休息茶间、绿色种植区，员工在工作时，总能感到神清气爽。

2. 肯定员工绩效成果

企业是由领导者、管理者和员工一起组合而成的，每个成员都应该是平等的，只不过大家的工作内容不同而已，彼此都需要别人的帮助和扶持。所以上级和下属不需要分得那么清楚，相互尊重才能让工作更加顺利。

所有人都会在工作中偶尔犯一些小错，不能因此厉声责备，更不能就此形成对立。员工一旦因此产生消极情绪，就会排斥日后的工作，带来更糟糕的结果。如果上司不懂得尊重下属，总是命令和训斥，就等于是给工作关系埋下隐患，总有一天会爆发，造成难以弥补的危机。

3. 创造良好工作环境

每个人都希望生活得舒适、安全，工作也不例外。一个良好的工作环境，可以使人心情愉悦、积极工作、灵感爆发。既然员工需要这样的环境，作为企业高层管理者，营造良好的工作氛围，也就成了不可推卸的职责。

汉高公司作为化工企业，很难让人对其工作场所抱太大期望，但汉高还是尽最大努力做到最好。公司为员工提供了专供清新空气的空调，休息区域设有淋浴室，员工在每天中午都能吃到丰盛的午餐；同时，还设置了医务部和工厂警卫，增设了高质量的安保设施，保障员工安全；公司的日常设施也会经常检查，每天都要进行空气环境、噪声环境和水质等的测量，员工每年都有免费体检的机会。经过这些改良，公司的员工就不用担心自己的身体健康了，能够全身心地投入到工作中，从而推动企业效益的提高。

4. 尊重员工个人差异

任意两个人都会有不同的背景、性格、阅历和思想，既然世上没有两个完全相同的人，我们就应该尊重每个人的差异，从特性中找共性。

优秀企业都会欢迎“求同存异”的理念，成熟的企业文化可以包容个性思想，塑造共同的价值观。单一种类的员工和管理方法，都会使企业管理陷入僵局，身为管理者，要看到每个人的特点，用不同的方法管理不同的人。

和谐工作场的营造秘密

《道德经》第四十二章中说：“万物负阴而抱阳，冲气以为和。”阴、阳在中国古代哲学中代表着两种相互对立的属性，代表着事物矛盾体内相互对立的两个方面。阴、阳之间相互激荡而形成一种相互和谐的关系，代表着世间的各种矛盾和对立通过相互作用、相互转化达到和谐共处的关系。

老子的这种“和谐”思想，对于我们今天构建“和谐企业”有很大的用处。给员工一份好心情，员工自然会还你一份好业绩。和谐美是美的最高境界。

路上，小和尚遇到一个高僧。这位高僧身披黄色袈裟，双手合十，坐在地上，口中念念有词。小和尚停下来，扫了一眼这位高僧，“扑哧”一声笑了，说道：“我看你像一坨屎。”

高僧抬起眼皮，瞧了一眼小和尚，也“扑哧”一声笑了，说：“我看你像尊佛。”

小和尚感到非常诧异，百思不得其解：我说他像坨屎，他却说我像尊佛。后来，小和尚得一高人指点，才恍然大悟：你看他像坨屎，是因为你心中有不洁之物；高僧看你像佛，是因为他已修成正果，心中有佛。

和谐美是一个极古老而至今依然熠熠生辉的美学命题。企业管理的本质就是通过一种平衡，达到自身的和谐。和谐的气氛代表了一种士气。世界不会因谁而改变，需要改变的是我们改造世界的“心”。让员工快乐地工作是一个系统工程，要在公司自上而下共同营造一个开心快乐的和谐氛围。如是，我们的企业必将到处充满爱的春风与和谐的阳光。

“天时不如地利，地利不如人和”。在企业中，“人和”就是指拥有良好的工作氛围。领导者表现出自己的魅力，做一个优秀的领头人，让下属有一种大家庭的归属感。企业工作氛围和谐，可以更大限度地激发员工发挥自己的才智，为组织内部创造一个全新的局面。

将自己的企业建设成一个和睦的“大家庭”，是很多企业家孜孜不倦的追求，在这个大家庭中，领导者与员工之间的“和亲一致”是企业发展的内在动力。需要管理者承认和尊重员工的个人价值，培养员工对企业的认同感、归属感。

阿里巴巴创始人马云就是一个乐观、永远笑口常开的人。他说，创业这么多年，自己遇到过太多的倒霉事，但只要有一点好事就会让自己非常开心。任何一个创业者，永远要把自己的笑脸露出来，如果你的脸看起来很痛苦，那么就不可能给别人带来快乐，所以快乐是需要展示出来的。

虽然每天要处理很多事务，但马云非常注意控制压力的范围，绝少向员工传递。他一直和同事说，没有笑脸的公司其实是很痛苦的公司。他说自己最喜欢猪八戒的幽默，他是取经团队的润滑剂，西天取经再苦再累，一笑也就过了。

这种理念使得阿里巴巴的3000名员工都成了“快乐青年”。

他说，判断一个人、一个公司是不是优秀，不要看他是不是哈佛毕业，是不是斯坦福毕业，不要看里面有多少名牌大学毕业生，而要看这帮人干活是不是发疯一样干，看他每天下班是不是笑眯眯地回家。

马云提出阿里巴巴要以“蓝蓝的天”“踏实的大地”“流动的大海”“绿色的森林”，建设一个舒适的社区。这就要求做到决策透明，每一个决策从法律和道德上是安全的，可以跨区域、跨部门流动。其实这样做的目的，是让每一个员工都觉得阿里巴巴是一个能经常给自己很多创意和快乐的地方。

阿里巴巴的付出，不仅得到了员工的认可，也得到了社会的认同，马云曾获得“2005CCTV 中国年度十大雇主”的称号。

一个企业的氛围与企业家的性格和理念是分不开的。马云就是这样一个容易快乐的人，所以他的公司也洋溢着快乐的空气。现代人的压力都很大，但是压力到了一定程度之后很可能就什么都做不了了。

太过于压抑的企业环境会让员工在忍无可忍的情况下逃之夭夭，而一个时刻充满了笑脸与快乐的公司则充满了天然的吸引力，吸引人才的加入，吸引员工快乐地工作，就能创造出持久的业绩。

关于教练技术

教练技术的形式

教练技术的形式可以分为两种：专业企业教练机构和企业内部的教练。

其中，专业的教练服务机构，通常是由注册企业教练组成的，主要是为企业管理者提供教练服务；企业内部教练则是由专业教练机构协助企业培养的经理人采用教练式的管理方法进行工作的，有些大企业还设置了以教练为专职工作的经理人。目前，在欧美发达国家能够提供教练服务的公司已经有很多，很多优秀企业也采用了教练式管理的方式。

第六章

读懂市场格局就能选择到最佳阵形组合

企业间的竞争就是一场体育竞技

很多人都不会相信，处在食物链中不同位置的动物，会有相同的想法。非洲草原上的斑马和豹子，每天早晨都会想到同一件事：我必须跑得更快。不同之处就在于，豹子要追上更多斑马，不然它就会饿死；斑马要跑得比豹子快，否则它就会被吃掉。于是，当太阳刚从地平线升起，斑马和豹子就会几乎在同一时刻一跃而起，朝着远方跑去。

人类生活不像在原始环境中那般弱肉强食，但时刻存在的竞争，同样激烈：船到江边，也是千帆竞渡；人在俗世，也是你追我逐。生活的公平在于，每个人的时间都有限，若是留恋每道驿站，停驻在每个瞬间，消极懈怠、不思进取，必然会被时代的洪流淹没。因此，无论你是追逐者，还是被追逐者，每道曙光都是你起跑的信号。

竞争不仅是动物的天性，体育的本质是竞争，这也恰恰是企业家的天性。毋庸置疑，对于企业来说，竞争无处不在，且越来越白热化。在这种情况下，企业要想发展壮大，就必须找出自己的竞争力，发展自己的竞争力。

尤其在今天，中国已然登上全球经济舞台，面临着无数机遇和挑战。初入世贸组织时的担忧，已经被现实打破。中国企业不但适应了激烈的国际市场竞争，而且愈挫愈勇，一些强势的企业，已经领头占据国际市场，比如海尔集团。竞争的魅力正体现于此。

优胜劣汰，是自然法则，也是生存之道，人类自古逃脱不了这样的规律。竞争可以给企业带来动力，使之不断改革创新、提高效率、加强管理、完善自我。国际市场是更汹涌的洪流，唯有逆流而上，才有胜利的可能。

谈及软饮料市场，可口可乐公司和百事可乐公司是不得不提的两家公司。前者创建于1886年，后者创建于1898年。近百年来，可口可乐一直以口味独特独占市场。唯有百事可乐一直不懈追赶，甩开各路竞争者，自1977年以来，终于可以从可口可乐那里，夺取了美国市场的半壁江山。那么，它是如何做到的呢？

早在20世纪30年代，百事可乐以“降价一半”的战略战术，首次拉开了软饮料市场争夺战的第一幕。后来，可口可乐公司随着第二次世界大战步伐，将主要市场移至海外，并成功行销世界。第二次世界大战结束时，可口可乐在国外的瓶装厂已经增加到64家。百事可乐趁可口可乐发展重心不在国内，就用价格优势抢占了一部分国内市场。

但随着第二次世界大战结束，可口可乐回归美国本土，百事可乐销量暴跌，可口可乐以5∶1的销路优势再次碾压百事可乐。为扭转战局，百事可乐发奋改进产品口味和包装，从小范围下手，与可口可乐竞争局部市场，经过又一番努力，终于将差距缩小至5∶2。

20世纪60年代，可口可乐和百事可乐的竞争进入关键时期。1963年，百事可乐为占领新的消费市场，提出名为“百事新一代”的长期营销策略。以顾客需求为主要出发点，目标瞄准还没有对可口可乐形成依赖的新一代消费者。

公司并不是艰难地改变消费者的口味，而是培养尚未养成习惯的消费者习惯百事可乐的口味。这一策略实行了约25年，仍然经久不衰。百事可乐根据时代需求，在1983年以“新一代的选择”为销售方针，直到20世纪90年代，百事可乐依靠极富创意性的广告和大牌明星的商业吸引力，成功掳获了新一代的消费者。

从各个媒体报道情况来看，百事可乐从20世纪70年代中期就开始的挑战运动，一直是可口可乐董事的心头大患。于是迫于压力，可口可乐公司在1985年，毫无预兆地宣布要推广新配方，替代沿用了99年的老配方，并对新配方充满信心，声称要以此创造新纪录。但结果却恰恰相反，多数人对新配方很排斥，甚至还为此举行了示威游行。

百事可乐当然乐不可支，但可口可乐发现形势不对，立即便发表了声明：为老顾客沿用老配方，但为了消费者的新需要，新配方仍会继续生产。

“你死我活”式的商业竞争，已经不再适用于当今环境，更高层次的竞争是要与对手合作。“单赢”已经无法满足现代企业发展需求，“双赢”和“多赢”才是更明智的选择。正如美国商界那有名的金句：“如果你不能战胜对手，就加入到他们中间去。”

如何组合才会让你的竞争更有力

“人才竞争力”是当今企业不可忽视的核心能力，其关键就在于人才资本的增值。

卡耐基曾告诉我们："你可以拿走我的厂房、设备、资金，但你只要给我留住人，五年后我仍是一个钢铁大王。"这就是在告诉我们，企业发展最不可或缺的，就是人力资源。当然，它只是影响企业竞争力的一个重要因素，并不是唯一的因素。

什么是企业？企，上面是一个"人"字，下面是一个"止"字，没有人，就停止。由此可见，企业的本质就在于"人"。一流的人，创建一流的企业，产出一流的商品，体现一流的创造力和执行力。但实践经验告诉我们，仅有"一流的人"，不足以形成"核心竞争力"。

理才网云平台，主要是为企业提供在线平台，重点关注选择人才、运用人才、培育人才、留住人才，为企业如何提升人才资本提供建议，为企业构建人才供应的良性循环和人才价值的有效提升体系。

在平台上，企业可以利用招聘体系、绩效管理、薪酬激励、学习发展和社交圈子等功能，激发对人才管理的洞见，通过移动客户端、创新体验、构建高层次的职场社交圈，帮助企业管理人才，进一步提升企业在人才方面的竞争力。

企业缺的不是人，而是"人才"。如何培养人才，并使其增值，是企业老板最关注的事，也是最让企业的人力资源部头疼的事。要给"人"赋予"才"，需要的是平台和体系。

1. 文化竞争力

进入21世纪，经济的飞速发展，将企业推入更加激烈的市场竞争中。那么，企业该如何调整管理模式，增强自我竞争力呢？有很多成功企业，为我们提供了宝贵的经验——发展企业文化。拥有先进的企业文化，可以更快、更好地适应新的竞争环境；没有企业文化，或者企业文化落后，都会让企业丧失生命力、战斗力和竞争力。

作为企业的灵魂，企业文化是一种珍贵的无形资产。在企业的创立和发展过程中，会持续积累经营经验，逐渐形成属于自己的独特价值观，进一步影响品牌形象、产品形象，产生固定的行为观念，这就赋予了企业独特的内涵。

其实，每个企业都有各自的企业文化，但不是每个企业的文化特质都很突出，因此文化给企业带来的力量也有强有弱。

文化看似是软实力，但其力量可以给企业带来“硬”效益，虽然营造起来十分困难，但只要形成气候，最终效果却牢不可破。文化影响无处不在，无论是生活、学习，还是工作中，都会形成文化，并对其产生影响。

对于企业来讲，文化是企业内部共享的一套统一的思想信念、价值观和行为规范，会使企业内部形成统一的行为模式，并由此为企业提供无限能量。

2. 创新竞争力

创新是企业的活力源泉，能够为企业提供源源不断的竞争力。企业如果想在越发激烈的市场竞争中乘风破浪，并成功占领一席之地，就应该把创新作为核心战略。根据知识经济的要求，顺应市场环境的变化，在技术研发、企业管理、制度改革、市场营销、战略规划等各个方面进行创新。

百年老字号如何可以经历时光的洗礼，一直辉煌至今？凭借的就是与时俱进的思想，时代在不停改变，思想也要随之变化，创新就是必然结果。

在电子产品市场，创新更是无处不在。比如手机，屏幕从电阻到电容；操作系统从 Windows（视窗）到塞班和安卓，机体从直板到翻盖、滑盖直到智能，无一不体现着创新的力量。试想，如果当年诺基亚一直独霸市场，直到现在，我们还用着十年前买的按键手机，是不是有些恐惧？

3. 决策竞争力

决策体现着企业领导者的洞见和胆识，它的作用只有在企业长期发展中才会慢慢浮现，但就如温水煮青蛙，企业的生死存亡全系在决策上。

意识的能动性正体现在这一方面，决策制定得正确，企业才能获得长足的发展，也会为企业今后的决策提供成功借鉴；相反，决策制定得不切实际，企业发展就会受到严重影响，更有甚者会动摇企业根基。这不是在危言耸听，错误的决策只要出现一次，企业就有可能一蹶不振。

4. 价格竞争力

在很多时候，消费者最关心的依然是产品价格，因此价格也是最吸引消费者的一个因素。除去有能力享受消费资料的人群，大部分消费者都比较在意价格，品牌反倒是次要问题。但价格竞争并不是单一地降低价格就可以，企业产品在市场中占价格优势，只能说明产品具有一定竞争力，但不意味着企业有强大的价格竞争力。

从综合效益来看，当企业的产品质量、服务质量和其他同类企业没有明显差别时，价格持续低于其他同类产品，并且仍有盈利空间，这样我们才能认为，该企业具有真正的价格竞争力。

总之，每一种竞争力都各具特色，都能成为企业的核心竞争力，但它们并不是孤立存在的。企业不能忽略它们的内在联系，而只把一种竞争力作为核心。单一竞争力就像是一条腿的瘸子，即使再强大，也很难在未来走得更远、更稳健。

不怕竞争，就怕不能正确面对竞争

在同样的环境下，同处一个行业……企业间竞争会越来越激烈，其实是件很寻常的事情。俗话说得好，“一山容不得二虎”，如此残酷的竞争无处不在。或许你会认为竞争很可怕，从而选择逃避，如此一来，只会加速你被淘汰的步伐；相反，只要正确地面对，总会在千头万绪之中，找到制约彼此平衡的那条绳子。

马云曾经告诉我们：“人要被狠狠PK（对抗）过，才会有出息。”商场上的竞争残酷无比，是真正的勇敢者的游戏，一个想要做大做强的企业，敢于竞争是第一生存准则。否则，一味地逃避风险、妥协退让，等待你的就只有失败。

毫无疑问，马云是一个充满勇气和斗志的企业家，阿里巴巴能有今天的辉煌，离不开一次次竞争的磨炼，才最终羽化成蝶。马云还曾对阿里巴巴的成功作出过形象的比喻：“就像武侠小说里所描写的，一个有资质的人才总会在一次又一次的比武中得到一些非同寻常的顿悟，进而功力大增。”

电视剧《亮剑》曾受到很多观众的追捧，其中有一段振奋人心的话：

> 在古代，一个剑客与武林高手狭路相逢之时，明知对方高于自己，也要不论结果毅然亮剑，即使血溅七步、当场败阵，也虽败犹荣。
>
> 正是因为这种敢于亮剑的勇敢之心，让主人公李云龙面对战场毫无惧色，一场场硬仗也能打得漂亮。李云龙从军事学院毕业时，

做过这样的报告："身为一名军人，明知难以与敌人对抗，也要敢于亮剑，这才是中国军人应该具有的军魂。就像所有武侠小说中的剑客一样，面对武林高手也要敢于对招，不仅如此，而且要该出手时就出手。"

李云龙的军旅人生也如他所说的那样，在战场上勇往直前、从不退缩，完美诠释了"宁可战死，不被吓死"的军人之魂。

狭路相逢勇者胜。商场如战场，遭遇强敌，万不可怯懦退缩，要敢于对敌挑战，勇于战斗拼命；即使对方有泰山压顶的气势，也不能害怕逃避，心理上要毫不畏惧；要掌握出奇制胜的方法，要稳准狠，从战术上扰乱敌人，取得有利形势，最终才能取得胜利、获得生机。否则，不战亦亡。

面对竞争对手，强者心态不可或缺，要沉着冷静、坚定信念。就算被对手击倒在地，也要奋起再战；即使最终还是会被对手打败，也绝不能因为软弱而不战而败。始终以强者自居，保持顽强的心态，有一天终会成为真正的强者。

然而在现实中，一部分人一旦遇上竞争，就会产生一种"瑜亮情结"，感叹"既生瑜，何生亮"。大量的事实证明，只要一进入这个怪圈，就必然会一步步走向毁灭；反之，那些能够正确面对竞争的管理者，反而能够冷静地寻找解决方法，从而不断地往前走。

事实上，竞争对手并不可怕，他是成功人士成功道路上的贵人。可以说，如果没有竞争对手，也就没有所谓的成功企业。

在美国阿拉斯加广袤的平原地区，有六千多只鹿世代生活在这里，与此同时，它们的天敌——狼也生活在这片土地上。每年，都会有四百多只鹿成为狼群的食物，当地政府为了保护这些鹿，组织了很多猎人大肆屠杀狼，狼群数量锐减。

在此之后，鹿没有天敌的威胁，本应该得到更好的繁衍。但事实上，没有了狼的威胁，鹿群不再奔跑，反而造成体质下降。一场突如其来的疾病，一下子就夺去了近两千只鹿的生命。因为在此之前，落入狼口的多数都是鹿群中的老弱病残，留下的都是健壮的鹿，然而没有生存的竞争，整个鹿群变得不堪一击。

正如上面的故事所言，如果企业都视竞争对手为眼中钉、肉中刺，欲除之而后快。虽然短时间内获得了一定的安稳，但是安逸带来的必定是灭亡。在职场生活中，我们的对手无处不在。竞争对手就是我们忠实的伙伴，但绝对不是我们的仇敌，我们无须害怕，用敞开的胸怀去迎接便可……

对于想要提高自己的企业来说，对手就是最好的动力来源。正如李宗伟对于林丹而言。

在决赛现场，没有李宗伟作对手，林丹恐怕不会爆发出惊人的力量，成功卫冕。四年的磨砺，如果林丹疲惫的时候，脑海中没有浮现李宗伟这个对手，恐怕他也会纵容自己偷懒，也就不会有后来的辉煌。

在旁人看来，林丹与李宗伟是赛场上水火不容的对手，不是你输就是我败。但也许除了他们自己，旁人无法了解，要遇到这样的对手，比交到和自己意气相投的朋友还难，如此亦敌亦友，实在是可遇而不可求。

虽然在赛场之下，我们从未见过两人互相交流，他们的言语只通过球拍传达，每一次挥拍，都在回应对方的挑战。带着遗憾惜别北京后，经过四年的打磨，李宗伟和林丹在伦敦的赛场相遇。这也成为此次奥运会上绝对重量级的对决之一。

不像四年之前，林丹也无法轻松地以2:0拿下，在扣人心弦的对抗中，观众们也发现了李宗伟的进步。两个羽坛强手，都因为对手的存在，而一步步变得更加强大。

一个好的伴侣，会成为你坚实的后盾；而一个强大的对手，则是你走向成功的助力。正因为有了竞争，职场才不会像白开水一样平淡乏味，而变得美丽、变得七彩斑斓；正因为有了竞争，企业才能经历风吹雨打，从而茁壮成长；正因为有了竞争，管理者才能享受到真正的成功。因此，面对竞争，我们不妨说声“感谢”。

一定要知道冲突点在哪儿

冯先生经营了几年火锅店，生意一直都很平淡，随着竞争日益激烈，他琢磨着给店里来一次改革。冯先生考察了自己所在的这条街，发现多数都是中餐馆，他想把火锅店的规模扩大，继续卖火锅。

冯先生借鉴红杏、大蓉和等酒楼的模式，用手里400多万元的闲置资金，将自己的火锅店扩展成三层的大店。一层和二层是火锅厅，三层作为厨房、办公室和库房，总面积1600多平方米，装修也时尚大气，很有档次。

既然装修档次上去了，餐品档次也不能低，所以冯先生推出了特色海鲜火锅，主打深海鱼，每一条售价都不低，真正打造出了一家高档的火锅酒楼。然而，让冯先生始料未及的是，新火锅店没有招来很多顾客，二楼基本上没有人，几乎天天唱“空城计”。

本想大赚一把的冯先生，一下子就把装修的400多万元赔了进去。如今，一提起餐饮更是唯恐避之不急，发誓再也不涉足餐饮业了。

不难发现，盲目定位是冯先生失败的主要原因。本来火锅经营的主要客户在中、低端消费者，要想经营高档火锅，必须要有自身的特色，能够牢牢吸引住高端消费者，而市场细分高端消费的比例非常小。所以，冯先生失败的主要原因在于盲目投资，他所选择的产品没有足够的特色去吸引顾客，定位有很大偏差，失利也是必然的一种趋势。

近年来，随着经济的日益繁荣，企业之间的竞争也越来越激烈。面对这一现状，像冯先生这样盲目的管理者不在少数，只一味想提升自己的竞争实力，将企业做大、做强，然而却没有想从哪一方面着手，提升自己的竞争实力。盲目地进行改革、投资、招揽人才，甚至跟风，最终只有死路一条；相反，面对激烈的竞争，仍能保持冷静的头脑，静下心来对市场进行全面的分析，清楚了解自己和竞争对手的优势，明确竞争点在哪里的管理者，才能在激烈的竞争中一步步走向成功。

2013年，李琳还是一个初出茅庐的创业者，创立了一家小型的互联网公司，只有13名员工。虽然公司自成立以来，一直保持着良好的整体业绩，但市场竞争日益激烈，公司发展也进入了瓶颈期。

李琳审时度势，觉得人才对于现在的企业来说很重要，并致力于发展人才竞争力。因此他把公司的招聘广告投放到各个平台上：网络、平面媒体、纸质媒体、招聘会……一时间，公司涌进了大批人才，员工一下子增长到上百人。可是，公司却变成了“人才收藏”馆，很多人都毫无用武之地。

选人不是最重要的，用人更为关键。一些求贤若渴的公司，急于招纳更多人才，结果公司没那么多业务，又不舍得放手，最终只能束之高阁。就像很多人喜欢买书，见到喜欢的就买，结果并不一定会看，书架上的书越堆越多，总想着早晚会读，但很多书都没有机会翻。

很多企业也在犯这样的毛病，因为觉得人才重要，于是到处招聘，搞得招聘广告满天飞，但结果却招而不用，将招来的人都放在那里，没有派上用场。所以，选人要精，重点把最需要的人才招进来，并用感情、待遇和事业发展把人才留住，充分发挥人才的潜力，让人才在你这里找到归属感，真正把人留住。此外，要为员工提供良好的工作环境，并坚持唯才是举、求贤若渴的公司形象，吸引更多人才加入进来。

在电影《天下无贼》中，黎叔说过一句经典名言：21 世纪什么最贵？人才！进入 21 世纪，人才成为社会发展的主角，成为时代最先进的主导。很多经济领域的专家和学者对人才都有自己的看法。比如，世界银行副行长瑞斯查得认为，如今是知识经济时代，经济的主要因素已经不再是原料、资本和汇率，知识已经成为更重要的因素。美国学者托马斯·比得斯则认为，人是所有事业和企业的真正资源，没有之一。更有日本学者，干脆将“人才”改称为“人财”，意为拥有人才，就相当于拥有了财富。可见，人力资源已经成为企业最宝贵的资本。

不管对哪个企业来说，人才流动频繁不是一个好现象，人才的引进一定要避免盲目。为了降低人才流动速度，企业除了要改善工作环境外，还要对人才引进做出年度计划，避免漫无目的盲目招人，应该将企业的真实现状和未来的发展规划向应聘者如实阐述，过于夸张，或是放“空头支票”，都是不可取的，要给予双向选择的机会，让引进的人才心甘情愿、无怨无悔。

企业竞争点很多，技术、品牌、人才、资金、经营理念、企业文化……任何一个方面的落后都会使你在竞争中处于劣势。如果不能正确分析出冲突点，盲目地进行投资扩张、招揽人才、引进技术等，不但不会收到预期的效果，还会不可避免地带来一定的负面影响。

企业竞争是不可避免的，面对竞争，不能盲目地站在风口浪尖。唯有了解竞争点，从一开始就明白冲突点所在，才能轻易地打开企业竞争的“任督二脉”，独占鳌头。

对竞争对手了解越多，你领导的企业戏份便越多

马云曾告诉创业者：“知己知彼乃竞争取胜之要旨，我们与竞争对手最大的区别就是我们知道他们要做什么，而他们不知道我们想做什么。”

淘宝之所以能够击败 eBay（易贝）这样的行业老大，一个不容忽视的原因就是马云对对手了如指掌。

在马云准备和 eBay 开战之前，他用很长的时间来观察 eBay 的每一个举动，并掌握了对手高层的资料。经过细致的分析，马云把全球各个地方的战略战术都摸清了，清楚地掌握了 eBay 的管理方法和应招特点。马云总结这场“战争”时说：“因为 eBay 是上市公司而阿里巴巴不是，惠特曼对淘宝的了解尚不及他对 eBay 的了解。”

既然是战争，摸清对手的情况还不算完，明确自己的优势也十分重要。马云在清楚认识到 eBay 的强大之后，也不忘从淘宝中寻找自身的优势。对此，他把 eBay 比作鲨鱼，把淘宝比作鳄鱼，如果让鳄鱼到大海里跟鲨鱼斗，结果可想而知，所以只有把鲨鱼引到

河里来，鳄鱼才有可能赢。

马云在商业竞争中，巧妙利用平台优势，在知己知彼的基础上，游刃有余地指挥淘宝战胜 eBay，这正是马云战略成功的表现。《孙子·谋攻篇》中说："知己知彼，百战不殆；不知彼而知己，一胜一负；不知彼，不知己，每战必殆。"这就告诉我们，打仗时既要了解对方，又要了解自己，这样获胜的把握就越大；对自己很了解，对敌人一知半解，胜负难料；如果对自己和对方都不了解，就只有等死的份。

这一规律用在商业竞争中再合适不过，这是一种亘古不变的智慧，是一种决策制胜的有效方略。生活竞争中可以应用，企业竞争中同样适用。

在竞争日益激烈的今天，如何客观地、如实地对自身和对手进行评估，是每个企业都应该考虑的重要问题。只有从实际出发，分析当前的竞争形势，才能制定出有效的战略战术，最终取得成功。知己知彼，是企业迈向成功的第一步。

索芙特的发展，已经成为很多企业的榜样。它由一个默默无闻的中小企业，一步步发展成为国内知名品牌，靠的就是知己知彼、勇于创新的策略。

当时，整个化妆品市场中的产品，重点多放在满足精神享受上，并没有一个品牌以功能作为主打内容，索芙特看到了这一点。了解到竞争品牌的最大弱势后，索芙特改变了产品的开发和营销方向，专注于保健护肤。

这让品牌鹤立鸡群，一下子就跟其他品牌区分开来，成功提升了产品附加值，增加了顾客对品牌的信任感，并最终获得了非常好的市场效果。基于对竞争对手的认识，索芙特选择了两个要素作为市场导向：一个是特殊的利益群体，另一个是购买能力较强的群体。这两个群体更看重产品而非价格，所以会选择能够帮助他们解决问题的产品。

索芙特如此清晰的定位，成功帮助他们全力实现利益最大化。因此，索芙特敢于为产品标出特殊价格，并且成功实现价格与市场的双重差异。索芙特面对自己的差异化市场，把创意摆在了首位，开发了与对手完全不同的产品，迅速打开新市场。

1993年，索芙特创造性地推出海藻减肥香皂，率先占领功能性护肤品的市场空白。这一创意将香皂功能化，非常符合当时消费者的心理需求，为他们提供了安全、方便的护肤产品。索芙特凭借创新优势，在1995年形成了品牌市场规模优势。

1997年，索芙特再次推出功能性香皂——木瓜白肤香皂，果然大受欢迎。这次产品创新，吸引了香港和两广的大批消费者，使索芙特再次成为中国护肤市场的领军企业。紧接着，其他护肤品牌也纷纷效仿，生产类似的木瓜护肤产品。

2000年，索芙特将产品功能化应用到洗面奶。“十大美女”洗面奶一进入市场，就获得了广大女性消费者的喜爱。索芙特提出“用洗脸的方式解决面子问题”的口号，从消费者对面部美容的需求入手，推出了一系列功能性洗面奶，有白肤系列、除皱系列、收缩毛孔系列、祛痘系列、保湿系列、活肤护肤系列等十个单品。

索芙特凭借独特的产品，总能抢在其他品牌前面占领市场，其洗面奶销售量更是一路高歌猛进。到2001年，索芙特跃升成为国产第一品牌，其洗面奶销售量在全国排名第九。

可见，在企业竞争中，作为一名管理者，必须要“知己知彼”。首先，要“认识你自己”，明确自身的优势和劣势。其次，还要做到“知彼”，弄清竞争对手的信息，可以说，你对竞争对手有多了解，你就有多大的把握取胜；反之，如果对竞争对手不甚了解或了解不全面，就很难制定出一个有效的竞争策略。

因此，作为一名管理者，在面对竞争的时候，千万不可“一叶蔽目，不见泰山”，不要只看到同自己面对面直接进行着交锋和角逐的竞争者，一定要全面而详细地了解你的对手！

让企业的每一位成员投入到竞争之中

在非洲大草原上，如果见到羚羊在奔逃，一定是狮子来了；如果见到狮子在躲避，就是象群发怒了；如果见到成百上千的狮子和大象集体逃命的壮观景象，那是什么来了呢？——是蚂蚁军团来了。

从个体来说，大象、狮子的竞争力固然很强，但是一群蚂蚁却能生生地将他们吓跑。这就是团队的力量，也是蚂蚁能在生存残酷的地球上繁衍生存数亿年仍生生不息的重要原因。

同样，在企业的竞争中，单单提高自身的竞争力，依靠个人单打独斗，未必会取得胜利；反之，只要让所有的员工都参与到竞争中去，大家拧成一股绳、牢牢抱成一团，就一定能够发挥出最大的优势。

> 释迦牟尼曾向他的弟子问道：“一滴水怎样才能不干涸？”弟子们相互看看，冥思苦想了一番，还是没有人能回答上来。最后，释迦牟尼解释说：“把它放到大海里。”
>
> 米卢带领中国队取得了辉煌的战绩，但当他听到中国媒体对某位“球星”极力吹捧时曾说：“按照他的个人素质，也许

能成为世界级的球员，可惜他还欠缺与队友配合的意识，不能融入到整个队伍中，也就是说，他不是一个能够为团队做出贡献的球员。”

每个人身边都会出现一个相对出色的人，他们拥有过人的天赋和才能，成为一个领域中的佼佼者。在很多人眼中，他们是“完美”的象征，但事实上并非如此。个人的优秀甚至完美，会让他自己出类拔萃，但不一定会给团队带来好处。

在团体竞争中，整体的实力往往是决定因素，不懂得和队员协同作战，往往会给团队造成麻烦，也会削弱团队战斗力。当所有员工都具有竞争意识，并勇往直前，团队整体竞争力才会提升，才会势不可当。

当今社会，最讲求团队合作，一个人的单打独斗非常单薄无力。单个员工的能力再强，也只能做好他自己的工作，没有其他员工配合，企业仍然无法提高核心竞争力；没有核心竞争力的企业，是没有生命力的。

团队的兴衰，背后都与每个成员有着千丝万缕的联系。团队支持着每个成员的成长和成功，而团队的成功也必然是成员齐心协力的结果。

在1994年的美国世界杯上，意大利队几乎是凭借罗伯特·巴乔一个人，带领整个团队冲进决赛，但也正是因为巴乔没有射中最关键的点球，意大利队没能获得冠军。

无独有偶。

在1998年的法国世界杯上，巴西队同样复制了4年前的意大利队：“外星人”罗纳尔多带领巴西队一路杀进决赛，当所有人都认为巴西队会获得冠军时，不在状态的罗纳尔多却把近在咫尺的大力神杯拱手相让。

在体育竞技中，团体比赛考验的就是团队协作精神，特别像足球、篮球这些球类运动，拥有明星球员，不代表团队就一定能获得胜利。商业竞争亦是如此。所有业绩都不是一个员工完成的，如果企业要靠个别员工才能创造业绩，那这个企业就相当危险了。

企业创立之初，通常都是靠老板带领，需要的是个人能力，但随着企业的不断发展，任何决策都不能只靠一人，企业其他方面的管理也是如此。如果员工不能融入团队，成为团队“大海”的力量，不仅个人会“干涸”，企业也会因此而“干涸”。但现实情况是，很多民营企业，仍然是老板在支撑企业，员工在追随老板。这些企业员工过于迷信老板的个人才能，忽略了团队力量的重要性，致使团队缺乏强大的支撑力。

一个人的能力和精力毕竟有限，就算有通天本领，也不可能完成远超个人能力的任务。这时，团队的重要性就相当明显，只有团队协作，才能完成更大的事情，才能更好地实现企业目标。

有一名公司主管，老板录用他时，就是看中了他的学历和个人能力，事实证明这个人的确有过人的才能，也为企业做出过很多业绩。但经过一段时间之后，一些才能不如他的员工，都得到了晋升，而他还停留在原位。

因为老板在后来的工作中发现，这名高管在日常工作中，总是独来独往，不过问其他同事的工作，也不允许别人插手他的事情。有时，同事向他寻求帮助，他也采取敷衍的态度，甚至干脆拒绝，更不用说主动给同事帮忙。

最可悲的是，这位主管非但没有认识到问题出在自己身上，反而觉得老板不重视他的成绩和付出，依然我行我素。最终，老板不得不为公司着想，辞掉了这名主管。

这名主管不知道其中的真实原因，临走前质问老板，如果他离开公司，老板会不会觉得是一种损失。老板当然会觉得有所损失，但是从大局出发，为了团队和企业的利益，这样的决定是最好的选择。

这位主管之所以没有得到重用，不是因为他没有能力，而是因为他不懂得放低自己，让自己成为团队的一部分。现在的企业越来越重视团队的力量，当老板觉得某一个人会影响整个团队时，即使他的个人能力再突出，老板也只能忍痛割爱。

关于教练技术

教练技术的具体作用

教练技术，可以清晰员工或团队的目标，协助订立业务发展策略，提高管理效益；可以激发员工的潜能和创意，提升解决问题的能力；可以让员工冲破思想的限制，创造出更多的可能性；可以使员工的心态由被动待命转变为积极主动，素质得以提升；还可以把所有的能量都集中在团队的目标上。

运用企业教练技术，通过一系列有方向性、有策略性的过程，可以洞察到下属的心智模式，向内挖掘潜能、向外发现可能性，让下属在最短的时间里实现自己的目标。管理者的工作，就像体育教练对于运动员一样，是让被教练者去实现目标、去赢得胜利。

教练技术的具体方法是：改善被教练者的心智模式，让他们将自己的潜力充分发挥出来，提升工作效率。在追求变化和成长的正直且健康的人身上，教练的效果会得到明显体现。对于期待提升业绩、融洽人际关系、追逐职场梦想、期待开发领导力和想要重新设定人生目标的人，教练也就成了一种强大的推动力。

第七章 做好运动装备上的文章

装备——企业道具的代名词

无论对于谁来说，无论何时，装备都十分重要。没有装备，运动员就不可能驰骋于运动场，夺冠更是痴人说梦；没有装备，即使再好、再多的士兵也无法打赢一场战争；没有装备，即使再好的员工也无法成就事业。

在现实中，不乏比较抠门的企业，他们能省则省，将公司的硬件精简到不能再少了，美其名曰减少开支预算。殊不知，一些有用的设施被精简之后，也会影响到员工的心情，进而影响到员工的工作。

某公司为了节省开支，撤掉了许多台电脑，每个部门只留下两台。员工无奈，只得自己带笔记本上班。刚开始，领导者还在为省了一些开支沾沾自喜，没过多久，员工们就怨声载道。

某建筑公司，工程部在二楼，实验室在六楼，两个部门都需要出大量的资料。因此，打印机、复印机是其必不可少的装备。然而，公司却只在二楼装了一部打印机、一台复印机。于是，每天都会看到实验室的人跑上跑下，打印、复印资料。长此以往，实验室就出现了一个专门负责跑腿的人，其他的工作一律不干了。

某工作室，由于刚刚成立没多久，员工也都是刚刚到位。可是没过几天有些人就离职了，原因很简单：一天下来，连个水也喝不上。原来，老板忽略了办公室用水这一个问题。虽然只是很小的事情，但却因为没有给员工提供好所需要的设施，以至于很多员工被“渴”走了。

像这样的事情很多，不管你是出于什么原因，也不论在什么情况下，都必须保证员工们的装备齐全，他们才有可能替你去打天下；否则，他们赤手空拳，怎么上战场。

一个缺少装备的企业，就如同没有土壤栽培的花。员工没有武器，双手不敌竞争对手的长矛，最终只能以失败告终。因此，作为一名企业的领导者，要想你的员工在职场上为你杀出一片天地来，就必须给他们提供最好的、最先进的装备。

中远船务是一家大型的造船企业，有近8000名员工，根据工作时间规定，在中午休息的时候，员工有大把的时间，但是如何打发就成了一个难题。为了解决这个难题，公司为员工开设了阅览室，每天在12：00—14：30这段时间内开放，果然有效地帮助员工解决了上述问题。

公司和职工宿舍各有一个阅览室，两个阅览室都是免费开放的；员工工作累了，就可以到阅览室坐坐，看看散文、英语什么的。阅览室的存在，极大地方便了员工的业余生活。

除了书籍，公司股东还出资为员工们买了十多台电脑，放置在阅览室，使之成了当地第一个数字阅览室。通过书籍和电脑，员工进一步提高了知识水平。全国总工会还为企业授予了“职工书屋”的称号。

你为员工提供的装备越多、越先进，员工在工作中创造的价值就会越多。就像上述案例中企业为员工提供阅览室，员工在工作之余可以阅读大量的书刊，掌握一定的知识技能，再将其运用到工作中，自然而然就会为公司创造出一定的效益。

不仅如此，公司为员工提供的设备越是齐全，越能留住员工。尤其是在今天，大多数企业的能力都相差不多，如果你的企业能够在硬件上努力一把，为员工提供一些意想不到的装备，自然而然就会受到员工的青睐，成为吸引人才的一个亮点。

一定要提供给员工所必需的设备资源

某公司销售代表去拜见客户，双方谈得甚好。眼看这一单就要成功了。客户提出要看看产品的模板，了解一下产品的性能……这下销售代表为难了，因为他拿的不是电脑，而是一堆打印出来的纸质资料，根本无法将产品完美地展现在客户面前。

销售代表支支吾吾半天，没办法，只得将一大堆资料交给了客户。客户一看傻了眼，全是一些打印资料，根本看不到他想看到的产品。于是，他用“再考虑考虑”拒绝了这位销售代表。

某铁建公司，由于缺少设备仪器，在平时质检工作中，都是外借其他单位的仪器。某次，上级来检查，需要对他们当时所修的隧道进行抽样检测，质检人员不得不去其他工区借仪器。但不幸的是，人家也正在用设备进行检测，无奈之下只能空着手回来。

看到这一幕，检查人员猜测，估计整个隧道在修的过程中，根本没有检测过，这样太危险了，马上停工，进行大面积检查，一旦不合格就必须返工。就这样，最后，领导挨了处分，员工被扣了奖金。

在职场中，这样的事情屡见不鲜。领导人只是一味地让员工往前冲，却没有给他们配备任何设备。要知道，在工作的道路上，会遇到各种各样的突发事件，如果只是赤手空拳，一旦遇到强有力的对手，必输无疑。

猎人打猎的时候，也少不了猎枪、弓箭、猎狗，农民种地也离不开锄头、铁锹，员工在执行工作的时候，自然离不开他所必需的设备。有了设备，才能在执行过程中一路畅通无阻，否则就会步步维艰，甚至没走几步就掉进失败的悬崖。

某公司在一次经济狂潮中受到重创，为了企业的继续发展，有人建议精减一部分人员和设备，保证公司的正常运转。

领导者断然拒绝，他说："设备、人员都不可精减，工资照发，我不能让我的员工没有作战的武器。这样，以后每天只上半天班，下午都出去推销产品。"

听了老板的承诺，员工热血沸腾，积极出去推销。经过两个月的努力，终于出现了转机。

不能让员工没有作战的武器，简单的一句话，道出了一个真理：一个成功的企业家，一定要提供给员工执行工作时所必备的设备资源。

看过《丑女无敌》这部电视剧的人都应该记得那个导演陈佳明，概念公司总裁费德南因为公司经费紧张，换了陈佳明的摄像机，结果在后来一场拍摄中出现了故障，白白浪费了大量的财力、物力，不但拍摄失败了，还影响到了与合作方的关系，失去了一个很大的客户。

一个摄影师，在拍摄广告时，如果你不能给他提供一台好的摄影机，他怎么能拍出震撼人心的大片？一个编辑，如果你连一台基本的电脑都不给他配置，光凭他的笔杆子，怎么能赶得上别人的速度？一个画家，如果不给他画板、素描纸，他脑袋里的美丽画面如何才能展现在世人的面前？

同样，作为一名员工，如果没有人为他提供工作时所需要的设备，在激烈的竞争中他就寸步难行，终究会失去所有的客户、机会，从而给公司造成严重的损失。

古往今来，行军打仗，没有一位将军不重视士兵的武器、粮草、医疗用品，因为他们深知，没有武器，士兵就无法冲锋陷阵；没有粮草，士兵的饭食得不到保障，士气自然不会高涨；没有医疗用品，不用等着敌人，一场瘟疫，足以将其消灭殆尽。

职场的领导者犹如战场上的将军，率领着千千万万的士兵，冲锋陷阵，只有保证了员工所必需的设备资源，员工才能热血杀敌，占领对方的阵地。否则，面对强大的敌人，如果你的员工手无寸铁，就只能束手就擒，而你这位将军也会丧失一切。

因此，要想成为一名优秀的领导者，要想成为一位职场中的常胜将军，别无选择，赶紧为你的员工配备所需的设备吧，让他们带上设备为你冲锋陷阵。

让装备革新与员工技能革新同步

玛莎百货公司是英国最大的商业集团，在德鲁克的著作中，玛莎百货常常作为典型的“正面人物”登场。玛莎百货有一个闪光点深得德鲁克推崇，那就是：关于商业环境、企业目标和核心优势这三方面设想的协调一致。换句话，企业要有方向，要和时代合拍，企业内部步调一致，才能取得胜利。

1884年，年仅21岁的迈克尔·马科斯决定正式下海经商，但是没有太多资本的他，只能先从小货摊起家。因为他从未经过商，所以对当时的商业环境非常不了解，说起企业目标更是一头雾水。

但天生的经商头脑，让马科斯很快就找到了推广营销的好方法：一口价。马科斯清楚自己的核心竞争力在哪儿，于是在货摊旁打了一个广告：不用问价，全部一分。虽然这个广告就是一张纸板加一块破布而已，但确实产生了很好的效果。

看起来是不是和国内的两元店、十元店很像？现在虽然不值一提，但在当时，这是一个相当超前的思路。就是这一个小小的创新，马科斯迅速从货摊郎脱颖而出。

当时间走到20世纪，竞争越来越激烈，物质却越来越匮乏。当初的“一口价”，已经难以适应成长为玛莎百货的经营需要。于是，他把服饰和食品作为新的销售重心，又与当时的商业环境相适应。

玛莎百货发现，销售商最贴近顾客，最知道他们需要什么，于是他们从销售商那里了解顾客的需求，然后直接从制造商那里采购，接着创建自有品牌，满足顾客需求。

企业要么倒下谢幕，要么走在路上。路一直在变，人也一直在变。走着走着，曾经一致的步调必然会变得不一致，怎样从不一致再次变得一致，对企业来说是个巨大的挑战。

企业不仅要和市场的步调一致，企业内部更要步调一致。无论是设备的更新，还是员工技术的更新，都要时刻保持在同一条线上。只有做到了这一点，才能更好地发挥员工的潜力，才能为企业创造出更多的财富。

在一个企业内部，如果员工都是80后、90后的新生代，他们拥有最前卫的思想，更喜欢接受新鲜的事物，是新科技的主力军，可是公司给他们配置的都是七八十年代的陈旧设备，设备的年龄比员工都老，效果会如何？很难想象，企业拥有最先进的设备，老员工却对这些设备敬而远之，因为他们不会用，效果又会是怎样？

无论是新生代员工对老设备嗤之以鼻，还是老员工对新设备敬而远之，都不是好现象。若是企业中存在这样的情况，两者步调不一致，势必会一步步走向毁灭；只有将两者的步调协调一致了，设备要更新、员工的技术也随之更新，让设备发挥它的功能，员工更好地利用设备，做出更大的成绩，才是一个成功领导者应有的表现。

APP（应用程序）营销是目前最火热的一种营销方式。“五一”前夕，某旅行社营销部为了黄金周促销，决定大力开展APP营销。待一切准备就绪之后，问题来了，一部分员工根本不知道什么是APP，至于用APP进行营销更是一头雾水。

为了尽快实施既定的营销方案，公司不得不推迟了营销时间。找来了专业人员对员工进行APP营销的讲述。待到营销员都明白后，已经到了4月30号，已经错过了最佳的营销准备时间。注定他们这个五一黄金周成了清闲的节假日。

这就是步调不一致惹的祸，如果员工与设备能保持同步革新，APP营销也不会因此而推迟，以至于错过最佳的时机。这样的事情在职场竞争中屡见不鲜，在这个瞬间定成败的职场中，一个稍微不留神，就会给企业带来不可估量的损失，更何况这种不同步的大问题呢？

反之，如果企业在平时能够注重员工与设备更新的步调，使其保持一致，无论何时，只要需要，员工就可以马上利用新设备进行工作。员工不会因为不懂设备耽误时间，也不会因为设备太陈旧而延误时机。

职场的生死输赢，只是一瞬间，只有抢占先机，才有可能成为成功的一方。在现实中，很多企业并不重视这一点，他们固执地认为，只要凭着百年老店的信誉，只要通过员工的努力，即便是设备不更新，依然可以做出成绩。

小张是一名店员，这是一家百年老店，无论是产品质量、信誉都是无可挑剔的。但是随着同行业的发展，竞争越来越大。最近两年来，销售额一年比一年下降。

小张看在眼里，急在心里。要知道，店里效益不好，他的工资自然也不高，他四处寻求方法，发现微信、跨界合作、微电影植入都是不错的宣传手段，于是就将自己的想法反映给了经理。

小张满以为经理会采纳意见，孰料，经理依然固执地认为，酒香不怕巷子深，如果非要做广告宣传的话，常规宣传就是比较不错的选择。

即便是没有征得经理的同意，小张决定还是私下试一试。于是他选择了时下人们最常用的微信，通过做广告、扫一扫、关注等开展活动。没想到，仅过了几天时间，便有很多人来到了店里……

正如人们常说的，到什么山唱什么歌，什么时代就要选择什么样的营销方式。企业和社会发展的步调统一了、企业员工和设备更新的步调统一了，就没有走不好的路，没有打不赢的仗。

科技就是生产力，好的装备就是竞争力

在纽约市38千米外的新泽西州，有一个门罗公园。1879年12月25日大雪纷飞，圣诞节参观者从四面八方赶过来，夜色降临后人们被眼前出现的光芒所震撼，那是60盏电灯释放的光明，是一项影响历史进程的发明。

正如哥伦布发现了美洲大陆一样，爱迪生不仅为美国开辟了一块发展的新天地，也寻找到了走向强盛的钥匙。1882年9月4日爱迪生亲手合上世界上第一个商用电力系统的电闸，电流沿着电线迅速流动，照亮了曼哈顿金融区的摩根公司等58处地方。

照明和动力，这场无声的革命让美国只用了30年的时间就创造出相当于前100年的成果，并且改变了世界力量的格局。

第二次世界大战即将结束时，苏联把德国大批的设备和机器运回国内，而美国则派出数千名随军科技专家前往德国物色人才，动用了100多架飞机，紧急迎接了2000多名科学家到美国，其中仅火箭专家就有120名。第二次世界大战结束后，美国一共从德国运回了数万名科学家、工程家及其家属。这在世界任何国家的历史上，都是前所未有的举动。

美国、苏联之所以重视这些，毫无疑问，就是因为科技是第一生产力。

如今，新一轮的科技和产业革命已经萌芽并开始发展，科学技术日新月异，新兴产业更如雨后春笋般不断涌现，在向全球科技创新领域进军的过程中，我们不能放松对科技方向的把握，必须清楚地认识到全球

产业革命的大趋势，将全部人才聚集起来，从全球角度出发，以国际领先水平为目标，增强企业竞争力，提高企业影响力。我们应该坚持科技创新理念，从每一个环节展开，依靠务实的行动，激励每个人构建创新能力。

创新是企业发展的第一大原动力，既是时代要求，也是企业的必然选择。市场既以企业为主体，企业就要具备察觉市场需求的能力，找准方向，创新到点子上，实现企业创新和市场需求的完美融合。企业要想在竞争中占据优势，就要从生产效率和生产技术上下功夫，争取创造更多的经济效益。

时代在发展，4G（第四代移动通信技术）还没有完全普及，走在前面的开发者，已经开始了对5G（第五代移动通信技术）的探索。华为轮值CEO（首席执行官）胡厚崑，在2015年对媒体表示，5G技术将来会实现全世界链接，第一批技术应用，会在自动驾驶等工业领域出现。

在移动通信技术上，华为的2G（第二代移动通信技术）和3G（第三代移动通信技术）时代都是追随者，4G时代也只能和国外巨头比肩而行。因此，华为希望通过对5G技术的开发，能够走在世界领先位置。

相比4G技术，5G的网络覆盖更广、网速超快，峰值速率可达到10Gbps，时延压缩至1ms（4G峰值速率为100Mbps，时延为50ms）。华为预计5G技术可以在2020年投入商业用途。5G技术的发展，可以实现多媒体应用的扩充，比如虚拟现实等。它在行业领域的应用，也会促使相关科技产品的更新换代，比如自动驾驶等。

所谓“时延”，就是信息传递速度较慢，形成时间差。这一点在长途通话中表现得最明显。正常的通话交流，至少要在250毫秒以下，否则就会使双方沟通不顺畅。现在应用的4G技术，可以将时延缩短至50毫秒，可以充分满足普通通话。但对于工业领域应用来讲，4G仍然达不到需求速度。华为预计，5G的时延可以低于1毫秒。这就意味着，应用5G技术，可以提高50倍的效率。

随着科技的日新月异，科技已然成为企业发展的灵魂。在当今社会环境下，企业如果想在激烈的竞争中保持自己的地位，就必须有自己独特的手段，运用科技的力量，使企业经济稳步地向前发展；否则，一旦离开了科学技术，企业就会停滞不前，就会在激烈的竞争中落后于人。

从战略出发合理配置设备资源

设备作为企业运营中的重要资源，决定和影响着企业发展的前途。在企业发展的过程中，如何配置有效的设备资源已然成为重中之重。

通常情况下，一个成功的企业领导者，不仅具有一定的专业素质，还一定是一位战略家。他的目光通常比较长远，能够从长远出发，对现有的设备进行有效配置。

随着新东方的发展，企业界也刮起了一阵教育之风。某教育公司抓住时机，入驻北京，短短几年间，已经渗透在北京各个角落。如今，在二线、三线城市也可以看到它的身影。

这家教育公司之所以做得如此成功，和领导人有着密不可分的关系。最初的时候，整个教育公司只有几间教室、几张桌子，但就是在这种情况下，愣是作出了惊人的成绩。

在打品牌的初期，非常困难，经费不多，只是选择了发放宣传手册、贴广告等方式，但是这也绝不允许浪费，尽量让每一张宣传单都起到作用……后来，随着规模的扩大，公司随之增添了不少设备，宣传也变得容易多了，在58同城、赶集网等各大网站都做了宣传。

任何一个企业都是由小做大的，最初的时候，你的设备、资金可能有限，但这并不意味着没有机会，只要学会合理配置，让每一个设备都能发挥它的作用，就一定会越走越好。

快捷酒店，是我们最为常见也最为熟悉的事物。虽然所有酒店的设备都差不多，但是由于配置的差异，也带来了不一样的结果。

作为如家酒店集团的优势品牌，如家酒店以舒适的商旅酒店定位，成为国内领先连锁酒店的代表。品牌致力于通过简洁、舒适、标准化的优质服务，为广大商务人士、旅行游客提供温馨、便捷的休息环境和住宿条件。

在全国范围内，如家有2000家分店遍布300个大小城市。中国金枕头奖多次评选如家酒店为“中国最佳经济型连锁酒店品牌”。2014年，中国品牌100强赫然出现了如家酒店的名字，总资产达4.2亿美元，在酒店行业中排名第一。

很多人都喜欢在出差、旅行时，选择在如家落脚，和其完善的硬件设施是分不开的。如家酒店的硬件设施也有自己的优势：

第一，如家酒店在2014年3月30日改用新的企业标志，用醒目的橙色为主色调，上标有盾形图形和酒店招牌文字。标志左边是盾形图形，包含如家母牌标志，意为如家集团在后方为如家酒店做支撑，保证服务质量和水平。位于旁边的酒店中文名称，端庄圆润、清晰亮丽，识别度非常高。不仅如此，如家集团其他两大品牌——莫泰酒店、和颐酒店也重新设计了标志。

第二，如家酒店摒除了房间和屋内设施的单一色调，以淡粉色的墙面、古典式的艺术画、书报架上的商务杂志，突出自己的特色，为顾客带来精致的差异化感受。另外，如家对每个房间的基本设施，都有严格的标准规定：床上用品的颜色要柔和，并和房间整体协调；易耗品要按照标准数量摆放，质量不合格的一律不准摆放；卫生间要保持干净、整洁，物品要摆放在统一位置；电视机调至中央一台，音量为15。

第三，如家酒店的互联网系统十分发达，网络预订系统完善。如家发展在线预订功能，实现了与在线旅游服务的接洽。据调查，目前全球有29%的旅行者，会选择在线预订酒店。2004年，如家率先引进800免费电话模式，为顾客办理房间预订业务；如今，它又驾轻就熟地运用起了互联网预订，如家总是走在行业的领先位置。

同样是做酒店，为什么有的渐渐被淘汰了，有的却越做越好，关键在于你会不会将现有的资源进行合理的配置。

说起酒店，我们想到的无非就是一个休息的场所。任何一个酒店都具备这些设施，不同的是，好的酒店将这些设施进行了合理的配置，使其散发出一种魔力，吸引着消费者；而被淘汰的酒店则是忽略了这一点。

任何一个企业的发展都不可能离开设备，无论你是哪种行业，离开了设备将会寸步难行。试想，如果一个教育公司没有教室、没有老师、没有桌椅、没有宣传册子，那就只能是一个空头挂名公司，哪一位家长会将孩子送到这里?

即便是这一切都具备了，遇不到一个好的领导者，不懂得合理地进行资源配置，这些设备也终究只是一些设备，发挥不出它们的作用。对于其他企业而言更是如此，唯有将其设备进行合理的配置，才能发挥其作用。

积极鼓励员工技术与装备上的创新

在新经济时代，创新是企业生存之本。就一个具体企业而言，员工层面的创新才是企业创新的源泉。尤其是在市场竞争日益激烈的今天，提高员工技术水平，加强企业设备更新，是企业最先面临的重要问题。

创新，是企业成功的一大原动力，它已然成为企业核心竞争力的主要构成因素，并推动着企业的长远发展。当代企业，更加不能脱离创新谈发展。发展创新，依靠广大员工的热情，会使企业稳如磐石、无坚不摧，持续稳步地向前发展。因此，提高企业员工的创新技术水平，会为企业发展提供源源不断的动力。

英利经贸有限公司，全体员工在公司经理的带动下，为企业创立了技术创新工作室，组织起十多名公司技术骨干进行技术创新；同时，开放100多平方米的工作室，供企业中的技术标兵使用，其中的打印机、绘图仪等设备，性能都是公司最高的。同时，企业利用灵活的企业机制，将审批程序尽可能简化，使工作室的管理非常有效率。

工作室自承担了煅烧炉炉体改造的工作后，利用研发出的新技术，延长了炉体寿命，而且降低了人力成本，产量比过去提高了两倍。

星鹏铸件有限公司，充分利用灵活机制，配合监测体系，监管所有工作环节。一旦发现研发、生产过程中出现创新问题，会立即汇报给项目攻关小组。经由公司高层审批，问题报告会以最快的速度交给技术创新办公室，研发解决方法。

通过团队的创新技术和创新方法，大量开发、引进和吸收国内外先进技术，并利用这些技术改进、完善工艺和产品，可以使企业竞争力更上一个台阶。

可是，在一些企业中，管理者一方面大谈企业创新的重要性，忧虑员工的创新意识不够；另一方面又有意无意地压抑员工创新的火花。实际上，员工的创新是需要管理者精心培养的，鼓励员工在工作中创新，能提高员工对企业的忠诚度和员工工作的成就感。那么，作为一名企业领导者，应该从哪些方面进行努力呢？

1. 为员工树立榜样

真正的创新型企业，不只是员工在创新，企业创始人和高层管理者都应该用创新思想武装自己，以身作则。单凭一两个人，是无法让创新思想形成创新力量的，即使创始人非常富有创造力，也难凭一己之力推动创新，创新需要引领。企业领导者应该从自身做起，让员工知道，创新是日常工作的一部分，是企业最看重的价值体现。

2. 让员工认清目标

一瞬间的灵感算不上真正的创新，它需要建立在清晰的目标基础之上，尤其对初创立的公司而言。团队的每个成员，都应该明确公司长期目标和阶段目标。这样，员工才会知道应该从哪些领域着手发现新鲜创意。

3. 为员工提供奖励

刚刚成立的公司，通常不会有太多资金用于提供丰厚奖励，那么想要奖励员工创新，可以用表扬、带薪假期或升职等方式，对员工的创新给予认可。即便员工的创新没有达到实质的效果，身为老板也要给予鼓励和赞赏，用这种方式来向员工表示，公司鼓励他们创新，并感激他们的创新。

4. 把创新作为员工成绩

在对员工进行评估时，最后也把员工的创新经历计入业绩中，并给予相应的奖励，这样也会对其他员工形成激励作用。从客户服务到工程主管，公司上下所有员工都应如此。虽然不是所有员工提出的建议都具有建设性，但他们会从自我反思中寻找价值所在，并创造新的想法。

5. 定期为员工开展黑客日活动

全球著名的搜索引擎公司 Google（谷歌），有一项著名的 20% 规定：员工每周可以在业余活动上花费 20% 的时间。而且，公司每周都有一天时间，专门开展针对公司员工的黑客日活动。在这一天，员工可以自由支配时间，做自己感兴趣的事情，并从中发现创意灵感。

6. 认真思考员工创意

通常，员工提出一个十分有创意的想法，都是一种振奋人心的发现。如果公司没有给予足够的重视，老板没有认真思考，就严酷拒绝，甚至嘲弄这个创意，员工的热情就会瞬间消失，更不会继续创新。

如果恰好这个员工是老板的朋友，还会对彼此的友谊造成伤害。可以在公司中开发一个专门的创意采集系统，确保每个新想法都有人来关注。与此同时，老板要经常倾听每个员工的好创意，给足他们尊重，并教导其他员工也这样做。

7. 积极执行创意

创意虽好，也只是理论，要形成实质的效果，还要靠实践。如果员工确实提供了一个好创意，但公司没有能力，或没有意愿执行，那员工的创新源泉很快就会干涸。

执行创意也是一个非常好的时机，可以检验公司的实力，所以千万不要错过。要从员工创意中，挑选出几个最具潜力的创意，然后设立专门的团队，对其进行分析、修正，并选出最切实可行的一个或几个，进行实践检验。

关于教练技术

教练技术的四大核心能力

教练技术的四大核心能力主要包括聆听、发问、区分和回应。

1. 聆听

聆听可以满足下属的自尊心，给下属以认同，使他们在一种从容中得到说下去的鼓励。通过聆听，教练可以获取资料，了解真相，然后有针对性地给予回应。只有仔细而有效地聆听，才能突破无法看到、无法突破的盲区。

2. 发问

教练的发问是一个有针对性的发问，问的问题通常都是和被教练者的目标有关系的、有帮助的。发问是让被教练者看到利弊，自己做决定。只要能看清自己，每个人都会为自己做决定，都会引发对方思考并采取行动，这是促使员工成长的最佳方式。发问还可以让员工看到更多的可能性、突破习惯性的思维局限，尝试更多的选择。

3. 区分

什么是区分？区分可以协助下属加深对自己的了解、清晰自己的位置，开拓下属的信念范围，支持下属改善心态。简单地说，区分就是通过发问、回应和比喻等形式支持个人与企业区分不同、厘清差异。对于管理者来说，通过区分，首先可以提高下属的自我洞察力；其次，有效的区分可以让管理者对员工的激励更加深入，让下属看到更多的可能性，可以协助被教练者了解自己的位置。

4. 回应

这里的“回应”一共包括两层意思：回答和反应。一般来讲，回答是用谈话的形式进行的，反应是用口头语言方式实现的，例如身体语言、情绪等。回应，既不是对错与好坏的标准，也不是指责和批判，教练的作用就在于引导被教练者聆听到各种回应的价值和意义。

对于教练来说，回应是一个非常重要的工具。人们的回应方式主要有忠告、解释、支持、探索和反馈。管理者在处理问题时，尤其是在处理员工冲突时，一定要保持中立。

第八章 运动员的表现欲等于企业员工的能动性

注重职前培训，让企业员工知道自我的角色定位

人事变动是每个企业的正常现象，员工的新老交替更是平常，那么新老员工的交接问题就值得关注了。怎么能让老员工顺利交代好工作？又如何让新员工尽快熟悉手头的工作？职前培训就显得十分重要。

任何一个刚进一家公司的新人，都会有很强烈的陌生感，需要一个适应的过程，不会很快地熟悉业务。如果职前培训做得好，新人会很快熟悉企业，并建立自信，工作起来也更有热情和积极性，也会产生实在的业绩。那么我们该怎样对新员工进行培训？下面就介绍几个窍门。

1. 用心交流和沟通

任何企业对待新员工，都要将他们看作新加入的伙伴。对待伙伴，企业一定要了解他们的真实想法。所以，就要用心地和新员工真诚沟通，了解他们的现状、想法，尊重新员工的意见和看法，让他们有家的感觉，使员工安心信任你并为你工作。这不仅可以检验员工的忠诚度，也可以全方位地认识员工的特点，并对今后的工作态度做出大致的判断。

2. 全面渗透企业文化

企业不管有没有宏大的文化，企业文化都是一个留住员工的好工

具。对于新员工，公司过去的丰功伟业只会增加他们的压力，反而是企业文化会给他们带来更多的参与感。

新员工是公司的未来，要把延续发扬企业文化的重任交给他们，他们会很愿意承担。员工是连接新员工和公司的情感纽带，所以一定要把公司的文化精华渗透给他们，这样新员工才会对企业有一个直观的认识。

3. 培养员工心态

我们常说，工作好不好主要看态度。一个员工的心态，会直接影响他的工作状况。所以，就职之前，对新员工一定要进行心态培训。如果没有把心放在公司，放在自己的本职工作上，这样的员工，任何企业都不敢聘用。因为企业不需要傀儡，需要能真正给企业带来效益的员工。所以，必须让新员工摆正自己的心态，认识到自己的职责，才可以进行进一步的培训。

4. 为员工树立工作信心

自信心看起来是员工自己的事情，但对于公司来讲，员工个人的信心也至关重要。试想，如果公司的员工对自己的工作都拿不定主意，如何办理好业务，提升业绩?

树立自信，也会提高员工工作的热情和动力。只有让员工有足够的自信，他们才能发挥自己最大的才能，把自己的工作做好，把公司的业务处理得当。当一个自信的员工把全部身心都投入到工作中时，企业何须花大把的时间在管理上?

5. 合理制度好保障

制度是每一个员工都必须遵守的，完善的制度体系不仅可以很好地规范员工行为，也会让公司的日常运营良性发展。无规矩不成方圆，没有规矩的公司就像一盘散沙，关键时刻总会“掉链子”；员工严格遵守制度的公司，在最关键的时刻，大家总会齐心协力共渡难关。而且，员工只有通过约束和制约自己的工作行为，才能把公司的精髓了解透彻，他们才能更快速地推动企业向前发展。

6. 注意培训工作技巧

当员工知道了自己的职责所在，知道了自己应该具备的心态，接下来要掌握的就是职业技巧。新员工往往缺乏在新公司工作的经验，那么先期掌握工作技巧至关重要，这会帮助他们更快地适应工作，更快地让负责的业务步入正轨。

为新员工找一个“老师”，经验传授不是重点，关键是要让他们快速掌握工作技巧，这样就可以达到边工作边锻炼的目的。

区分主次角，不同的员工需要不同对待

每个人都有自己的个性，所谓“人心不同，各如其面”，人与人之间存在着很大的性格差异，这是我们不能忽略的。不同性格的人，导致了他们对待工作有不同的态度，从而产生不同的行为习惯，也会影响工作效率和人际关系。

因此，把性格因素考虑在人事管理中，可以有效提高管理水平。下面我们就介绍几个比较突出的性格特征，当然也是比较不容易管理的，希望能给管理者提供借鉴。

1. 急脾气，易暴躁

脾气暴躁的人性格是没法完全改变的，对待他们不能“以暴制暴”，更不能给予敷衍的态度，甚至转换话题，这样会让他的脾气更加难以控制。但是对于这样的员工，等他静下来时，一定要对其进行耐心教育，告诉他：把个人情绪带到工作中是非常不成熟的表现，也会影响

他的工作业绩。

业务员小张出身贫寒，从小就比较自卑，感觉低人一等。所以，在工作中要求尽善尽美，对他人要求也很苛刻，如果没有达到预期效果，他总要大发雷霆，还经常把同事的工作疏漏报告到领导者那里去。人人都觉得他是个火药桶，同事们都不愿意和他往来，小张的工作情绪也非常不好。

像这种脾气急躁，遇事不能冷静处理，又对人对己过分苛刻的人，会成为办公室里的“定时炸弹”，不知道什么时候就会引爆。如果遇到这样的员工，经常到领导者那里“投诉”，千万不要被他“点着”，要营造冷静的氛围，先听他把话说完，等他的情绪冷静下来，再处理他所说的问题。而且，一定要心平气和。这种人通常报告时，都是在发泄情绪般地乱说一通，所以，作为领导者切不可跟着他走，表述自己的处理方法时，也不要触及他的情绪燃点。

当然，天性使然，实在不行也可以给他安排一些少和人接触的工作，还可以让他尝试参与集体活动，加深和同事间的了解，增进彼此的交流。

2. 情感脆弱，自尊心强

通常有这种性格的人，多数为年轻的女性员工。她们刚步入社会，从事比较低的职位，对竞争、对职场都不大适应。面对老板的指责或批评，经常会在瞬间感觉压力巨大，甚至丧失对工作的信心，最后工作做不好，以至于辞职或跳槽。

这些人在日常工作中，行为较为拘谨，任何时候看到她们，总是不苟言笑，整个人都处于紧张状态，任何风吹草动都会让她们心惊胆战，面对上级也是战战兢兢。

面对这样的员工，合适的用词显得尤为重要。尤其是批评的时候，尽量多顾及她们的自尊心，以和蔼亲切的态度对待她们，让她们增加安全感和信任感。日常工作中，也可以找一些特殊的情境，赞许她们的工作表现，这样她们就会认为自己受到了重视。同时，要把“错误在所难免，不能全怪自己”的思想传达给她们，让她们建立工作自信，指导她们对错误秉承正确的态度。

3. 自信缺失，消极悲观

公司里总会遇到这些人，平时不见他们发表意见，一到公司开展重要会议或新项目讨论时，总会对新意见予以驳回，而且并不是因为他们有什么高见。这些人通常都会成为公司变革创新的阻碍，破坏公司良好的创新氛围。为什么？他们的性格决定了行为。

性格比较悲观、缺乏自信的人，经常会因为害怕失败而拒绝革新。但其实，这些人恰恰是对公司最忠心耿耿的，甚至还是业绩最好的。但是性格导致他们总是缩手缩脚、按部就班，主要是缺乏自信。

针对这点，公司领导者可以就某一方案和他们具体谈谈，表露自己的开创性意见；也可以问问他们的担心和顾虑，然后将新计划交由他负责。如果对方推辞，甚至劝说将新计划取消，领导者就可以建议他想办法解决困难，并对实施过程给予帮助。整个过程中，遇到任何阻碍，都不能让他停止计划，当他为所有问题找到解决方案时，就会从中找到成就感，并因此建立自信。

当然，这个过程因人而异，时间长短不一。让一个悲观、消极的人，马上变得乐观、自信，是不大可能的。所以，要选择合适的工作任务，对他予以足够的鼓励和帮助，并不停地以乐观的态度督促员工积极对待。如果他是一个尊重领导的好员工，一定会被你感染，树立自信心。

4. 溜须拍马

善于谄媚奉承、溜须拍马的人，在任何公司都会有那么几个。他们从不吝啬称赞的话语，尤其是对上级领导者，你的巴掌打到哪儿，总会有这些人接着。如果这种员工大行其道，只能说明领导者也喜欢被“戴高帽”。其实，再英明神武的企业领导者也不喜欢整天只听员工的意见和批评，适当的表扬，谁不喜欢？

但是，适当是好，过犹不及。有些溜须拍马者只会说不去做，嘴上说得天花乱坠，真正做起事来就扭扭捏捏，甚至在领导者面前一套，背后又是一套。这时，作为领导者，就要警惕他们的吹捧。太过放纵姑息，只会让他们更加肆无忌惮，不仅会带坏员工风气，对企业也是有弊无益。严重者，他们还会轻视你，阻碍决策的执行。

遇到这种下属，既无须一概严肃拒绝，也不可一味任由他们夸大事实。如果他们以谄媚的嘴脸向你卖弄，可以适时地予以制止；如果他们一再附和你的计划，可以给他们一点时间考虑，让他们提出不同的意见。如此，这类员工就不会觉得只要做“应声虫”就行了。

5. 急功近利

每个领导者下面总会有几个比自己还有雄心壮志的下属，他们豪情万丈，甚至明显地想取领导者而代之，这类人也是很多上司要防备的。对待普通积极进取的员工，强制打压不但会消磨他们的积极性，也会给自己带来不好的形象影响。但对于那些真正的急功近利者放任不管，也不是最好的处理办法。

急功近利的人，通常会在职场表现出勇猛的冲劲，他的行为会影响周围的同事，因此一定要注意。单刀直入不是最佳的处理方式，这样会显得你有忌才的嫌疑，因此更不会采纳你的任何建议。面对这种员工，可以先让他把自己的想法表达出来，仔细聆听，并给予适当的赞许，让他感觉到你对他的欣赏。

当他想要进一步表现自己的时候，适时地泼一点冷水，告诉他，任何工作都要按部就班，如果有其他员工这样急进，牵着他的鼻子走，他会怎么想。让他能够换位思考，站在别人的立场考虑问题。但语调一定要注意，尽量用轻松愉快的语气，要考虑对方的自尊心。

6. 自觉怀才不遇、整天郁郁寡欢

这一类人对工作缺乏积极性，对办公室人际也不够热情。他们希望得到人们的普遍重视，只要让他们觉得，上级交给他们的是重要任务，就会消解一部分郁闷心理。对待这类员工，言语打击是千万要不得的，更不能说出“你这种人随便都能找到”等明显蔑视的话语，这样他们就会更加郁郁寡欢。

要通过他们的同事，或是一些重要的工作任务，把工作热情传递给他们；同时，在工作完成后，要认真审阅并给予称赞。不管他们在公司职位有多低，也要请他们参加公司大部分的重大会议，让他们多发表自己的意见。关键是要让他们感受到足够的重视。

虽然员工的性格问题不是一天就能解决的，并且有时会存在相当的困难，但身为企业管理者，根据员工特性区别管理，是重要的职业技能。要谨记“江山易改，禀性难移”，改变员工的既有性格行为，不是短时间就能成功的，一定要有方法、有耐心。

让员工自己动手去做，等于让演员自己去演

工作的过程，也是员工主观能动性发挥的过程。在员工工作的时候，如果领导者在一边指手画脚，员工的工作思路肯定会受影响；如果不时地批评几句，员工就更不知道该怎么办了。

成功的演员，都是根据自己的心在演；同样，优秀的员工也会用自己的心来工作。当领导者放手让他们做的时候，他们也会更加负责，更加认真。

在一家广告公司，创意总监赵明是深受下属爱戴的领导者，上级分派下来的工作，他都要交给下属完成，让他们得到充分的锻炼和成长。但赵明性格比较急躁，又对细节要求严格。

一次上级交给他们一个护肤品的广告，赵明把这个任务交给了小肖来做。开始小肖做得很顺利，但没过多久，赵明放心不下这个案子，于是频频向小肖询问进展情况。有时，有些细节小肖也不是很清楚，于是赵明越过他，直接和下面的员工沟通，并指导他们怎么改进。

时间久了，赵明总要在很多细节上，指导下属具体改进，于是面对两位领导者的要求，最下层的员工，只能按照赵明的指导方案来，结果小肖“项目主管”的职务，等于是名存实亡。

古人讲“用人不疑、疑人不用”，案例中的赵明不是对下属不信任，但因为自己的严苛要求，就随意插手下属的工作，会给下属的工作体系带来不良影响。领导者适当地放权，不仅是对下属信任的体现，更是锻炼他们业务能力的好时机。毕竟，我相信领导者都喜欢“强将手下无弱兵”。

管理者请牢记下面这两个等式：

授权 + 控制 = 放权

放权 + 控制 = 专权

让员工放手去做，很多时候就像放风筝，既要舍得，又要能收放自如。的确，对于很多企业来讲，对下属放权，不是一件容易的事情，其中还存在着很多难以克服的问题，需要管理者认真对待。

1. 企业常见的“放权”障碍

在给下属放权的时候，经常会遇到这样一些障碍。

（1）不敢放权

不是不想，而是不敢，是很多企业领导者不放权的核心原因，问题的关键就在于对下属不信任。最基本的放权，就是放下对资源控制的权力，高层要确保中层可以胜任，只有确保中层管理者能够充分利用好资源配置，才能真正敢放开权力。如果中层管理者不能给高层提供足够的信任条件，即使有授权，也只能变成一纸空文，最终高层还是会掌握最高决策权。

韩非子曾说过：“下君尽己之能，中君尽人之力，上君尽人之智。”成熟的管理者，其成功的基础就在于敢于放权，而且善于放权。

（2）不会放权

很多企业中层管理人员并不是不会放权的主要原因，授权机制才是阻碍放权的根本原因。物尽其用，人尽其才，企业没有用好人，就会形成问题的主要矛盾。

常见的问题集中在：

①权责不统一。通常，高层为中层管理者制定明确的目标，比如下个季度的销售额要达到某个数。但是这种只规定责任，不给权力的做法，会使中层管理者产生抵触情绪：给规定目标，又不给权力，出了问题也是高层管理的错。

②制度不匹配。一些企业虽然明确给中层管理者放了权，但实际上，流程的最上游还是集中在高层手里，这样的放权形同虚设，中层管理者仍然不会承担相应的责任。所以高层既然答应放权，就要做到实处。

③过程无控制。有的企业权是放了，也按章执行，但分公司针对花不完的预算，可劲地利用各种名目花，以防下一年预算减少。这就是企业对放权过程不监管的例子。真正的放权，要让资源配置在最恰当的位置上，毫无监管，就不是放权，而是“大撒把”了。

④有权不敢用。有些企业高层倒是敢于放权，但问题却成了下属不敢用，因为权力总会伴随着风险，有风险就要承担责任，下层管理者决策起来就会束手束脚。

2. 有效放权的方法

美国通用公司总裁杰克·韦尔奇曾经说过一句经典的话：“管得少就是管得好。”很多人第一次听到这句话，都觉得自己是不是听错了，但仔细想想，确实如此。所谓“管得少”，不是不管，而是极致降低管理作用，让效率自然产生，最终效果可能是现在的1000倍。

企业初期放权，确实存在像我们上面提到的一系列问题，但成功迈出第一步，推动员工主动思考，自觉调整最合适的工作方式，促进企业发展。

（1）不要只对员工问“明白吗”

很多管理者经常会站在高于员工的位置，习惯性地问他们“你听懂了吗”“你能明白我的意思吗”，员工一般遇到这样的问题，会习惯性地给予肯定回答，他们不想让上级觉得自己能力不足，但是不是真的明白，还有待商榷。

（2）给绩效指标设定一个明显的达标线和期限

给员工放权，同时要让他知道在新的权力范围内，具体的目标是什么，需要在多长时间内完成。这样，他们才能就如何利用好权力，完成既定目标，有一个明确的方向和规划。不然，单单丢给一项权力给员工，他们还是不知道自己该干些什么。

（3）要适度监管放权后的工作进程

放权不代表上级就可以做“甩手掌柜”，不闻不问地等着最终结果，必要的监管是非常重要的。员工会因为这样的监管，努力工作不敢懈怠，更不会利用手里的权力做一些对企业发展不利的事情；同时，上级还可以就具体问题进行指导，帮助下属更快掌握好权力的应用；还可以准确把握工作进程。

（4）总结经验，为下次放权做总结

企业放权过程要经历多次，管理者要根据每次放权，总结下属成功的工作经验，并对问题进行自我检讨，为下一次的进一步放权，作出充分的参考。

（5）权，不一定都要放大的

放权，不是说只有在进行大计划、大方案时才行，公司日常小事同样可以放权，对于底层员工或者新员工，适当放一些小权，不但可以帮助其快速成长，也会给他们建立工作自信，提升他们的责任感。

（6）放权之前先列清单

管理者可以根据自己每天的工作，按重要程度依次排列成清单，必须要自己做的留下来，一些不太重要的，留给下属去做。制定一个“可放权事项清单”，会让权力下放得更合理、更系统。

（7）权限要明确

权力的下放，一定要有明确的规定，不然有些员工就会认为自己可以随意做事，甚至超出自己的权力范围。所以，一定要给下放的权力设置一个底线，绝不能让员工超出底线，把他们的工作限制在应有的范围内。

（8）找好接权者

管理者肯放权，也要看接你权的人能不能胜任，资历深浅不能说明绝对问题，关键是看下属的专长，能不能利用好你的权力。有心学习、积极进取的人，未必就比经验丰富、不擅此事的人完成得差。

（9）给予必要支持

要让员工知道，管理者可以在任何时候帮助他们解决困难问题，尤其是对刚刚接手权力的员工。管理者为他们提供所需，就是对他们工作的肯定，员工就会很快从中成长起来，并肩负起该负的责任。同时，他们也会感觉，上级是支持他们工作的，因此也会有更多动力去完成任务。

（10）放权就是适度放手

既然放权，就不要紧盯着不放，把所有事项在最初就交代清楚，管理者省心，员工也认为你信任他，整个工作也能顺利开展。

永远不要告诉员工怎么做，而是要结果

有这么一个充满禅意的哲理故事：

住持让一个新来的小和尚担任撞钟一职。工作比较简单，就是早上撞一次钟，傍晚再撞一次。小和尚一开始很认真，但大半年过去了，小和尚越来越觉得枯燥无味，所以不再认真，真的就是“做一天和尚撞一天钟”。

终于有一天，住持把小和尚叫到身边，对他说：“你从明天起，不用再撞钟了，到后院劈柴挑水吧。”

小和尚心里挺高兴，但他也觉得奇怪，忍不住问：“是不是因为我撞得不准时？还是因为我撞得不响亮？”

住持摇了摇头，“都不是。你虽然撞了大半年的钟，但你始终

没有理解其中的真谛。寺院的钟声，是对众生的警醒，它要浑厚、悠远。但你撞出的钟声绵软无力，可见你的心思没有放在这件事上，所以今后你也不用再撞钟了。”

小和尚听了住持的话，羞愧难当，从此再也不敢轻视自己的每一份工作。而且，小和尚潜心修炼多年，最终成为一代名僧。

有句话说得好：才而不财非才也！劳动创造价值，不能创造价值的劳动，做再多也没有意义。况且，企业营运的目的就是盈利，不能为企业创造价值，这样的员工对企业来讲就是没有价值。想要实现自己的价值，就需要对自己的工作负责，诚心实意地为公司作出贡献。

工作中出现问题不怕，关键是要知道怎么去解决。老板最关心的是结果，他的精力在决策上，而不是员工的工作细节上。如果员工的工作总是需要老板解决，他在公司的价值就会被淡化，老板自然也就看不到这个员工的价值。员工拿给老板的，应该是完美的结果，而不是艰难的过程。

小周、小王、小郭不仅是高中同学，还是大学同学，毕业后在同一天进入了同一家公司，但是工作了一年之后，他们的薪水却大不相同：小周月薪6000元，小王月薪4000元，小郭月薪2000元。

小郭心有怨气，终于在一天爆发。他来到老板的办公室，问：“我们三个在同一天上班，做的都是同样的工作，为什么工资会有这么大差距?”

老板听完，笑着说：“公司要的是结果，薪水作为衡量的标准，自然就不同了。”看到小王疑惑不解的样子，老板说：“这样吧，我现在安排一件事情，你只要看大家的表现，就可以知道答案了。”

之后，老板把另外两个人一起找来，对他们说："现在，你们去调查一下停泊在港口的船上毛皮的数量、价格和品质，详细记录下来，并尽快给我答复。"

两小时后，三人都回来了。小郭先做了汇报："在港口，我有个朋友，我给他打了电话，他愿意帮我们，明天给我结果。老板，请您放心，我明天一定给您结果。"

接着，小王把船上的毛皮数量、品质等详细情况给了老板。

轮到小周的时候，他不仅报告了毛皮数量、品质等情况，还将船上最有价值的货品详细记录下来。而且，他还从老板助理那儿了解了老板的目的——了解了货物的情况后与货主谈判。于是，在回程中，又打电话向另外两家毛皮公司询问了相关货物的品质、价格等。

此时，老板会心一笑，小郭恍然大悟。

相信，看到这种情况后，任何一个人都会明白，为什么小周、小王和小郭三人的薪水会有这么大的差别。

我们总说体育竞技是"重在参与"的活动，但其本质还是在夺取冠军，竞争的是最好的结果。有多少体育健儿为了一块金牌，为了祖国的荣誉在不懈努力？我们看不到他们的汗水和艰辛，但是登上最高领奖台，就是对他们努力的最好赞许。同样，任何企业都不会把关注的焦点放在个人努力上，要让员工清楚地知道：不管你如何努力，都要拿出最漂亮的成绩。

但有人说，是不是只要完成上级交代的任务，就可以了？非也。任务只是形成结果的先决条件，完成任务不等于获得好的结果。有些对待工作不认真的员工，还会把完成任务当作托词，影响工作结果的促成。

所以，要让员工明白，企业需要的不是“完成的任务”，而是“喜人的结果”。

当员工清楚认识到老板真正想要的是什么样的结果时，他们才会确立一个明确的方向，努力提高自己的工作能力，达到企业的要求。要让员工充分认识到自己的作用，学会把问题留给自己解决，把漂亮的业绩呈献留给企业。

给企业的员工一次再创作的机会——注重员工创新意识的培养

企业的发展离不开创新，而要想营造创新的氛围，就要重视员工创新意识的培养。离开了员工的创新意识，企业创新也就无从谈起。

在20世纪40年代，南美洲的方糖消费主要依赖于从美国进口，很多美国制糖公司都把市场定在了南美洲。但是，受运输条件制约，在海运过程中方糖很容易受潮，很多公司都因此蒙受了巨大损失。

专家们进行了研究，可是终究无法找到问题的解决办法。后来，一个叫科鲁索的普通制糖工人突发奇想，找到了方法。他想到大厅里的排气孔，如果给方糖的包装上戳两个小孔，让空气可以对流，不就不会受潮了吗？

就是这么一个简单的方法，成功解决了很多人的困扰。方法虽然简单，但不是每个人都能想到。后来，科鲁索申请了专利，一家制糖公司花100万美元把专利买了下来。

看到这个故事，相信很多人都会咂舌，一个小孔竟然值100万美元！这不是投机取巧吗？不，这就是创意真正的价值。

创新，是每个公司的维生素，是企业生命的动力。员工充满创新意识，企业就会充满活力，因此在企业发展的过程中，激发员工的创新意识是非常重要的。那么，员工的创新意识要怎么激发呢？

1. 制定阶段性目标成果

有目标比没有目标更容易激发一个人的工作积极性，因此要给员工制定阶段性目标，让员工在每个阶段都有相应的工作目标；同时，还要针对这些目标给出一个合理的时间表，要求他们完成阶段性成果。如此，员工的潜力就能不断被激发，促使他们在不断提高的过程中创造出新的解决问题的方法。

2. 激励员工产生冒险精神

敢于创新的人必然是具有冒险精神的人，因为任何创新计划都会有风险。不要怕下属犯错误，反而要鼓励他们积极去实践自己的新想法；即使是失败了，也要让他们从失败中吸取教训和经验，不断创新。

当然，也不能盲目实践。面对员工提出的任何计划，都要提前审核好，看看他们有没有备选方案，有没有周全的应急措施，并能合理控制成本，如此创新才能达到预期的目的。

3. 为员工提供挑战机会

专家指出，挑战可以有效激发人的潜力，因此为员工创造挑战机会也就成了帮助他们激发内在潜力的有效措施。身在一个富有挑战和竞争的工作环境中，员工也会充满斗志，积极工作，工作效率自然就会提高，而且会一直持续下去。

比如，英特尔公司，员工的职位和他们的业绩是直接挂钩的，因此为了实现自己的目标，员工会不断学习，提高能力。

4. 创建开放的工作环境

工作环境对工作效率的提高至关重要，一个相互信任、充满信心的环境，可以促使员工思想解放，让他们通过开放的讨论得到解决方案，继而有效提高工作效率。另外，高层管理者还要对员工的方案给予足够的重视，并以行动表示出对结果的肯定。这样，就可以把员工的个人发展和企业的组织规划统一起来，产生出更多具有建设性的创意设想。

5. 组织和纪律不能少

虽然我们鼓励让员工思想活跃，但是并不代表员工可以想怎么干就怎么干，管理要民主，但制度也要贯彻。组织和纪律的作用，就是规范创造性人才的自由行为，引导他们按照企业的方向发展，把创意真正用到实处。

6. 调动员工的积极性要靠绩效

根据绩效奖罚分明是一项很好的激励指标，为了激励员工完成各项工作任务，不仅要针对不同产品制订不同的营销方案，还要针对不同层级的员工采用不同的业绩考核指标。同时，还要利用完整的绩效考核体系，拉开员工收入差距，激发员工的创造性，如此员工的贡献也会随之提高。

让每一位员工把握好自我角色

冉阿让是《悲惨世界》中的主人公。在法国大文豪雨果笔下，冉阿让的一生都在不断寻找存在的意义，寻找自己的人生定位。

从小，冉阿让就认为自己不是坏孩子，就是因为偶然拿了一块面包，被送进了监狱。在被关的日子里，周围的人都说他是小偷，于是他也渐渐觉得自己就是小偷。

冉阿让出狱后，因为没有人愿意雇用他，游手好闲的他被一位神父收留。但冉阿让已经觉得自己天生就是小偷，于是再次被警察抓获。按照法律，他应该被判处终身监禁。然而，神父的出现，改变了他的一生。神父告诉警察，冉阿让没有偷教堂的东西，那些东西都是自己送给他的，冉阿让是个好人。

神父的话，让冉阿让重新认识了自我，并且一改偷窃的毛病，真正地成为一个善良的好人。后来，冉阿让当上了巴黎市的市长。下属为了讨好他，把当年抓他的警察绑了起来，听候发落。但此时的冉阿让坚信自己是一个好人，认为当年的警察也是尽忠职守的好人，于是他命人把警察放了。但是这一举动，让警察羞愧难当，最终投河自尽。

一个自我定位的转变，不只转变了冉阿让的心态，更改变了他的人生。所以，管理者要清楚，职场中的明星级员工，他们的生存信念和普通员工从根本上就是不一样的。

有一次，一家培训公司的专家被邀请授课，专家对他们公司100名销售人员进行了解，发现其中30%的业绩是由99个销售人员完成的，而剩下的那70%的业绩，都是一个销售员完成的。

针对这样的现象，专家们也很好奇，于是让这100人，做了一个问答式的互动游戏：专家分别问这100名销售员，让他们谈谈自己在公司的职业定位。那99人几乎给出了同样的答案：我是公司里的销售员。而那一名销售员给出的答案是：我是销售行业的一面旗帜。

通过上面这个案例，可以清楚地看到，不同的自我定位，会给相同岗位的员工造成不同的心理暗示：把自己定位成普通员工，他就是个普通的销售员；把自己定位成行业旗帜，他就是公司的明星员工。公司的主要业绩，就是靠这些明星员工完成。

关于教练技术

教练技术的步骤

在教练他人的实际过程中，教练与被教练者的教导谈话通常要经过下面几个步骤。

1. 搞明白目标

要让被教练者清楚做事的真正目的，比如，如果这个员工的销售任务是2万元，可是却不清楚自己的目标，很可能做到1万元就不想做了。到了最后几天突然想起来，也是很难完成当月任务的。

2. 反映真相

这一点主要体现的是教练的“镜子”作用。镜子不会教你怎样穿衣打扮，但会让你看到自己打扮成什么样子。因此，一定要让下属看到事实的真相和问题的真相。

3. 改善心态

教练就像催化剂，可以帮员工调整心态，帮员工实现目标。教练技术不会涉及员工的具体工作内容，只能管到他的心态调整。发生了什么事情并不重要，重要的是员工面对它的态度。

4. 制订计划

当下属在镜子里看到自己的打扮和自己的目标不一样时，自然会做出相应的调整。作为教练的你，就是要帮他制订出切实可行的计划，让他积极挑战自我、将自己的潜力充分挖掘出来。

第九章 好教练与好老板都需要强大的团队

一个好的团队要有整体化一的思想

很多老板都有这样的希望：员工能明白自己的目标意图，能够想在自己前面，做自己喜欢的事。可是，人的思想是没法控制的，但为什么我们还要来谈管理员工思想？因为团结统一的思想，是实现团队高效、高能的关键。一个充满战斗力的团队，其思想必须是统一的，有了统一的思想，才能有统一的行动，整个团队的步调才能一致。

毛主席曾说“军民团结如一人，试看天下谁能敌”，就是告诉我们，大家团结一心，心往一处想、力往一处使，就会所向披靡、战无不胜。而解放军“一切行动听从指挥”的纪律，是“三项注意八大纪律”中最首要的一条。思想的统一，是组建强大团队的基础和前提；没有统一的思想，任何行动都不可能顺利开展。

今天，虽然很多企业都在竭力作员工的思想工作，要求他们为企业着想，达成发展共识，还经常花钱请专业培训老师上课，以期达成理想的思想统一。但结果呢？恰恰与管理者的预期相反。员工觉得公司成天搞思想规范，没有把精力放在他们努力工作的地方，感觉自己不受重视；或者本来大家是往一处想的，结果课上多了，反而不知道公司到底是要他们往哪儿使劲。最终，只能是思想越来越多样，人心越来越涣散，更不要说达到预期效果了。

管理者这时也会抱怨，我们好心好意，为什么会造成反效果？这里有一个很多人都没注意到的问题：企业越是给员工灌输道理，员工的思想越混乱。其实道理人人都懂，要让员工明白的是，企业的方向在哪儿，他们的作用在哪儿，而不是滔滔不绝地只顾讲道理。很多时候，讲得越多，越无法取得好效果。所以，要让全公司上下思想一致，不是一件容易的事。要想解决思想问题，需要更高端的智慧。

1. 目标统一

没有目标的团队是无法存活的，目标就是团队存在的意义，也是每个成员为之奋斗的理由。为团队设立目标，只是第一步，接下来才是关键的一步：把员工的目标统一到团队目标上。只有让每个员工都认同团队目标，并为此不懈努力，才能推动团队发展。因此，目标统一，是团队发展的基础。

2. 思想统一

思想是团队的力量来源，如果团队中的员工总是各怀想法，你说东他说西，分散的力量就不停拉扯，最终只能使团队崩溃。统一思想的重任，一般都会落在领导者头上。

著名台湾企业家王永庆深谙此道。他认为，公司业绩不是靠嘴说出来的，团队管理得当，业绩自然增长。他重视的主要有以下3个方面：

①希望领导者和下属达成共识，而且共识度不能低于80%，不产生大的分歧。

②不要求下属具体做些什么，但要不断突破自我、坚持不懈。

③他的命令要得到严格执行，容不得任何敷衍和马虎。

3. 规则统一

规则是一个团队的底线，是每个成员的行事准则，让成员知道什么该做、什么不该做，如此团队才能进入良性运作。不然，总是突破底线行事的员工，总有一天，他会让团队偏离最初的轨道。这对于任何企业来说都是致命的。

4. 行动统一

行动是检验团队协作能力的重要标准，它需要的不仅是思想统一，更需要成员之间协调配合，需要有效的沟通互补等能力，而这些都是团队行动时必不可少的要素。只有行动统一有序，整个流程才能更加流畅，各个环节才能将自己的作用发挥出来。

5. 声音统一

所谓声音，就是大家的观念。不同于思想，观念会更加多样和繁杂，针对每一个项目，不同的人会有不同的意见。这些意见一定要在会上统一，严禁形成“桌上一致，桌下乱套”的局面。

合理的观念冲突难以避免，但面对决策，一定要统一声音，就算大家在讨论过程中吵得再凶，决策一旦定下，就绝不能有异议。

在团队中要发挥每个队员的最大能量

很多时候，管理者总会发现，员工很努力地工作，但工作绩效却不断下滑。之所以会出现这种状况，主要是因为现有的管理模式没有给他们提供真正所需。因此，企业领导者一定要给员工创造良好的工作氛围，让他们充满工作动力，激励他们不断创新和突破。

很多时候，员工并不知道自己有多大的潜力，只有通过管理者给他们新的机会，让他们能够学习新知、挑战自我，才能最大限度地发挥所长，说不定还会有意外收获。

员工需要的不是发号施令的老板，他们需要的是能够领导他们提升、支持并帮助他们达成职业目标的老板。想要激发员工潜能，试试下面几个方法。

1. 为实现员工个人目标出一把力

不要小看每一个员工，无论职位高低，他们都是企业的生命细胞。员工的飞速成长，是企业发展的助推剂，甚至可以说，没有员工的成长就没有企业的腾飞。公司的管理者，要看到每一个员工的个人目标，并把他们纳入企业发展的规划中，在帮助员工实现个人职业目标的同时，不断推动公司向前快速发展。

每一个到公司工作的员工，都希望自己能成就一番事业，成为公司的中流砥柱，但是这种想法要发自内心，如果是公司强加给他们的，反而会造成逆反心理，让工作更没有动力。

管理者应该做的，是帮助员工在公司中找到自己的发展空间，并建立自我提升的职业计划；要让每个员工感到自己的重要性，让他们认识到自己的工作直接影响公司的业绩。这样，就会激励他们逐渐提高自身能力，提高工作效率。

2. 做有人情味的管理者

管理者要谨记，你所管理的是人，人在任何时候都不能被管死。员工的情绪影响着他们的工作状态，合理地激励他们，才能真正激发他们的潜能。所以，在管理中，要处处渗透人性化的管理理念，让员工觉得，公司把他们当作家人看待，公司尊重他们的劳动成果，在意他们的意见和想法。这样，必然会使员工自觉遵守制度，发挥自己的最好才能。

很多国外的企业都会把员工当作家人来看待，有些企业甚至还提出了“热爱员工，他们才会加倍爱你的企业”这样的管理信条。如今，越来越多的企业，也用实践证明了这一观点：懂得关心员工的企业，员工的积极性才会被充分调动起来，促进工作效率提高。

3. 拉平与员工的身份距离

在企业中，管理者并不比普通员工高一等，至少不要让员工这样认为。不要拿上位者的姿态对待下属，要使自己处在和他们平等的位置，并能够大胆放权，员工才能更多地信任和支持你。放权，就意味着你鼓励和信任他们。

人人都喜欢没有架子的领导者，你的和蔼可亲、友善平等，会很好地激发员工的工作积极性。一个平易近人的领导者，会让员工把注意力转移到自己的工作中，而不是成天抱怨公司、抱怨上司。企业需要高效的劳动创造利润，员工也希望企业效益的提升带来更好的回报。所以，管理者也需要换位思考，把大家统一到一个大目标之下。

4. 及时给予员工公平的赞扬

作为最主要的劳动报酬，薪水是员工渴望得到的回报，但不是所有时候都管用。如果老板在之前承诺过，员工达到标准，一定要及时兑现。如果没有明确的薪水酬劳，老板也要给予员工鼓励。可以发放福利，也可以当众表扬。

总之，要对员工的努力及时地给予公正的赞扬，使员工了解到，只要努力工作，老板就会看在眼里、记在心里，并且会给予他们相应的回报。无论表扬的形式如何，切记要公正公平，这样才能达到激励作用。

要激发员工潜能，下面几条要谨记：

①把员工放在合适位置，交给他与其价值观相匹配的工作；协调好员工的个人目标，使其与企业的价值追求相统一；

②培训员工业务技能水平，帮助员工打破“我不能”的思想和能

力局限；

③努力为员工营造创新的思想氛围；

④提升员工有效沟通能力，营造和谐职场人际氛围；

⑤允许员工犯错，多从正面激励员工；

⑥培养员工运用思维导图的能力，提升有效思维；

⑦利用视觉和听觉手段，充分激发员工内在潜能；

⑧指导员工合理调节工作和休息，懂得在工作中如何放松。

团队执行力有多大，团队的竞争力就有多大

如果团队出现执行力不足的问题，第一要问的就是管理。执行力差，竞争力就弱，再多的美好蓝图，不能有效执行，都是镜花水月。执行力，是每个领导者的必修课，领导者的威信也必由此建立。

俗话说“三分战略，七分执行”。行动力对个人来说都是十分关键的，何况是一个庞大的企业？执行力薄弱，任何战略和决策都是一纸空谈，企业生存更是难上加难。

团队执行力，关系着每个企业的市场反应率和营运效率，可以说是企业的命脉。企业所有的战略目标，都要靠团队来贯彻执行。那么，我们该怎么做，才能提高团队的执行力呢？

1. 明确共同目标

从前，有个农夫早上到地里耕田，发现播种机没有油了，于是决定给机器加油。回家拿油桶的时候，发现圈里的猪还没有喂，于是去准备饲料。结果，经过仓库时，看见了不远处的马铃薯田。想到马铃薯应该发芽了，于是他又向马铃薯田走去。

沿途经过木材堆，突然想起家里没柴火了；正当他准备取柴时，又看见路上躺着一只羊……就这样，农夫忙活了一天，到太阳下山，也没给机器上上油，更不要说完成之后的事了。

这个例子告诉我们，明确的目标是团队行动的指路明灯，有了它，团队才能提高效率，提升执行力。

聪明的领导者，会给团队制定合适的目标，并利用目标引导团队成员。企业只有围绕主要战略，为团队建立明确统一的目标，才能很好地聚合员工，提高他们的工作效率，激发个体执行力，同时促进团队工作效率的提升。

共同目标，不仅可以给成员增加动力，还能促使他们承担相应的责任，提高团队整体的执行力。否则，没有统一目标，团队失去方向，执行力自然就会降低。

2. 制定合理的组织结构和工作流程

老鼠们为了对付猫，决定开会讨论实施方案。一只老鼠提出，挂个铃铛在猫脖子上，这样，猫一动铃铛也会跟着响，大家就能提前跑了。

所有老鼠都对它的提议赞不绝口，而且设想了很多铃铛响后的逃跑路线。但这时，一只小老鼠就问大家："谁去给猫带上铃铛呢?"一时间，所有老鼠都哑口无言。

计划的具体实施，离不开合理的组织结构和工作流程，如果计划完全脱离实际，执行也就无从谈起。

在主要的组织结构中，企业最多用到的是职能型结构，其他如矩阵型、子公司型、事业部型等结构都不太常用。这种结构的优点就是：组织成员有各自的分工，责任明确；分工细化，效率提高，专业化管理加强；集中的管理权力，便于整体控制团队管理。

当然，其缺点也是比较突出的：团队领导者承担责任重，团队横向协调性较差、管理人才素质难以提高。

3. 严格制定管理制度

既然要管理，制度是必不可少的。但要注意，制度的制定一定要权威、科学，并具有很强的可操作性。要让员工明确自己的位置和职责，合理运用制度，调动和组织人力资源，坚决杜绝互相推诿的现象。制度的实施一定要严肃，既然制定，就要严格按照规定执行。奖惩制度必然要明确，这样才能创造良好团队氛围，增强整体执行力。

联想依靠强大的组织能力，默默奋斗10年，如今成为中国电子行业的领军企业，是很多企业应该学习的榜样。联想的刚性制度，要求每个员工克服知识分子的先天弊端，严格遵守组织纪律，把每一项工作按照制度落到实处。

斯巴达方阵文化，就是联想在初级阶段实行的制度文化。特点主要有两个：①强调制度刚性；②强调集体力量。从柳传志到每一个联想员工，人人都遵守这样的制度，任何人触犯，都要受到制度的惩罚。

这虽然略显严苛，但正是他们对待这种制度矢志不渝的态度，才让联想披荆斩棘，一路向前。比如开会，联想的制度规定：开会迟到超过5分钟，会议拒绝让你参加；如果迟到5分钟之内，要在门外等相应的时间，才能进入会场。连柳传志都不例外。一次开会，他大约迟到了三四分钟，于是他严格按照规定，在门口等了三四分钟才进去开会。

试想，一个连公司老板都必须严格遵守的制度，又怎么约束不住员工呢？

4. 带动团队士气

过去上战场，无论我方战斗力如何，都要鼓足气势，在阵势上压倒对方。商场如战场，一个有士气的团队，必然会所向披靡。要激发团队的气势，心态、语言、行为一样都不能少。因此，领导者要多激励员工，多赞扬、少批评。

另外，要适当地把功劳让给下属，责任自己扛肩上。同时，团队成员提出新意见，要先给予肯定，然后再作具体讨论。不仅如此，关键是要把团队成员当作家人，关心他们的生活情况和家庭情况，必要的时候，可以组织家庭聚会，增强凝聚力。除此之外，还可以将上司或重要客户介绍给团队成员认识。

5. 要靠领导者的带动作用

作为团队管理者，应该清楚自己的主要职能：

①计划。为团队制定目标，构建分支体系。

②组织。负责团队组织结构的设计。

③指挥。为成员安排具体任务，并制定步骤和时限。

④协调。协调成员人际关系，营造良好的内部人际氛围。

⑤控制。整体监控团队进程，及时纠正偏差，以实现目标绩效。

集权与放权的平衡，也是管理者应该随时注意的问题，要适时调节管理的力度。既要让团队成员在轻松的环境下，把工作重心放在工作上；又要保证他们能按照既定目标，在规定的时间内有效完成任务。

而且，过程中的放权程度，也要把握好，不敢放权会限制个人成长；过于放权，可能会造成偏差，降低管理者的管束力。所以如何把握好这个度，需要管理者在实践中不断摸索。

重建组织架构，强化企业组织的效率

对于团队来讲，每个人都是维持机器正常运作的“零件”，他们有各自的位置、各自的作用。当这些“零件”以科学合理的方式组合在一起，组成“最佳群体结构”，对整体的推动作用才能更有效发挥出来，持续为企业发展提供动力。

任何一个团队，无论大小都有其特有的群体结构，自会形成一个包括多种要素、类型、系列和层次的，立体式的动态平衡体，其中不乏很多亚结构。例如品德、知识、专业，还有智能、气质和年龄等结构。如果想建立一支强大的团队，就要重建组织结构，不断强化企业的组织效率。

1. 品德结构

所谓品德结构，顾名思义，就是不同成员的不同思想品德的配比组合。它是影响“群体素质”的首要决定性因素。团队干部的个人品德，直接影响着团队的思想走向，要使企业能够更好地快速适应市场需求，就要具备良好的“群体品德”。

要想获得理想的“群体品德”，必须科学地将成员的思想组织起来，构建出期望的科学结构，如此才能产生预期效果。因此，领导者面临的首要问题就是，选择合理的员工组合，建立近乎理想的“品德结构”。

对于员工的德行，通常可以从四个方面考察：

①政治立场。合格的员工应该坚持历史唯物主义和辩证唯物主义的世界观。

②价值意识。主要是指员工的价值观，以及处理人际和公共关系的

思想准则，要求他们正确地对待地位、名誉和金钱。

③工作态度。要求员工要有高度责任感和强烈事业心，并用于创新，不断进取。

④心理品格。员工要有健全的心理素质。工作情绪要饱满，胸怀要宽广，并具备坚强的意志。另外，还要有广泛的兴趣等。

以上四个方面，就是考核员工德行的最主要内涵。

2. 知识结构

按照团队成员的知识水平，进行配比组合，就是知识结构。一个团队，不可能所有人都是精英，也不可能所有人都是笨蛋，所以根据成员知识水平，进行科学的组合搭配，就显得尤为重要。

就算是水平很平均的团队，也不意味着它拥有最优化的结构，一个科学的知识结构，必然是全方位、立体形式的。最优化的有机体，必然会吸纳初、中、高三个等级的知识水平的人，这样他们才能各尽其能，并在互相协调配合的过程中，完成任务。

3. 专业结构

团队的专业性，直接影响着其运作能力，因此团队成员要有各自的专长。任何团队都不可能单打独斗，每一个专业环节都需要有专长的成员来解决问题。

4. 智能结构

智能结构，重点配比的是团队成员的智能组合。研究发现，根据不同智能，可以将人分为发现型、再现型、创造型三大类。

属于发现型的人，他们善于观察和研究问题，他们长于从各种现象中发掘灵感。

属于再现型的这类人，他们非常善于表达，这些人可以成功再现科学发现，是真正可以将理论变成现实的人。

属于创造型的人，他们乐于探索，同时敢于创新，在总结前人经验的基础上，往往会有很多极具创意的想法。

5. 气质结构

个人气质，在调节团队人际、创造工作环境上，有很大的作用。根据“气质互补”原理，合理配比不同性格气质的员工，可以活跃团队气氛，增加团队活力。

比如，团队既需要沉稳、冷静的人，帮助团队冷静分析问题；也需要热情奔放，做事积极进取的人，快速推进项目进程；同时，有可能需要善于交际、活泼开朗的人，为团队打通上下关系；也许还会需要谨言慎行、柔中带刚的人，帮助团队处理公关危机。

总之，气质不同，成员擅长的领域就不同，所以兼收并蓄是气质结构的一大主要原则。

6. 年龄结构

年龄对于团队来说，是一项重要的配比组合，这关系着团队的生命力，不但标志着个人的经验、能力和心态，还关乎团队是否能发挥最佳群体效能。因此，一个年龄结构合理的团队，必然拥有强大的生命力和创造力。

不同年龄的员工其精力和经验都会有所不同，所以要创建一个理想的团队，如此才能形成科学的综合配比，才能推动团队的平稳发展，才能将团队的最佳群体效能最大限度地发挥出来。

流程再造，删除不通畅的业务节点

“再造”即再次创造，企业要改革旧有的生产、服务和经营模式，根据市场需要，重新对其进行合理设计和安排。因此，要全方面、多角度、细致入微地调查和分析，研究出哪些地方存在不合理，之后抛弃不必要的环节，对冗杂部分进行彻底改革。

具体来说，可以参照以下程序实施。

1. 全面分析固有流程，发现功能和效率方面的问题

当下，旧有的作业程序是很难适应飞速更新的市场需求和技术条件的，一旦固有的组织结构能效降低，作业效率也会随之降低。

分析固有作业流程是否出现问题，要从以下几个方面着手。

（1）组织功能障碍

技术的不断更新和发展改变了个体员工的工作量，要求形成不可分割的工作团队。这就打破了原有的作业流程，为管理增加了很多零碎的成本项目，或者因为过大的核算单位，出现了权责脱节的局面，并进一步影响了组织机构的设计，使企业发展出现颈瓶。

（2）重心转移

作业流程中的各个环节，其影响力也会发生变化。过去产品对企业具有决定性的影响力，但是，顾客对产品附加体验值一旦成为消费重点，企业就不得不调整作业流程，如此才能抓住市场的动态。因此，传统的关键环节也会发生一定的转移。

（3）可行性变化

市场和技术是如今变化最快的两个主体，企业要根据自己的实际情况，分析其中的变化特点，按照轻重缓急，从固有流程中寻找切入点，实现再造。为了让解决方案切实可行，必须深入作业现场，直观发现制约因素，具体分析现有流程的功能问题。

2. 设计并评估新方案

对问题进行充分挖掘和分析，制订合理的改进方案，是十分关键的。科学、合理的创新型作业流程，需要集合大家的智慧和力量，在保持创新性的同时，一定要评估其实际操作性。

新的流程设计方案，可以把原有的几项工作重新组合；给予下属更多决策权；为同一流程设置不同进行方式，按自然顺序完成各个步骤；让适当的工作在最适合的场合进行，突破固有的组织界限；调整、控制、检查等要尽量减少。

（1）明确项目负责人

美国多数企业奉行的工作流程设计思想，就是根据顾客需求，进行作业流程重组，并应用相应软件对作业流程进行有效规划和监控。

要管理这样一套高新技术，必须要有专门的负责人，全面掌握相关软件的应用，并且制定合理的流程设计。最关键的是，要全程跟踪新流程的实行情况，对其中产生的新问题进行及时有效的控制，保证新方案的实施。

（2）同类工作/工作组要合并

如果一项工作每个细节都要让不同的人来完成，其整体效率就会降低，每个人的个人责任感也会相应降低。而且，出现问题，也很难找出关键环节，这就为解决问题带来了不小的难度。针对这样的情况，企业就要适当地合并同类工作，这样不仅会提高效率，也会让个人承担起自己的工作责任。

如果合并之后仍然存在需要细分的工作，可以成立专门的负责团队，从头到尾跟进项目。同时，还要建立一个大数据库，可以有效帮助企业处理信息、指导工作。大家一起根据信息做出解决方案的讨论，会大幅度提高效率。

（3）让各工作步骤顺其自然进行

传统作业流程中，组织单位过于细化，下一个步骤必须排在前一个步骤之后完成，这样无形中就拖长了工作时间。如果放开对作业流程的控制，顺其自然，允许交叉或并向进行，就会大大提高工作速度。

（4）为同一业务设计不同处理方式

传统的业务处理法是，按某一业务在最困难的情况下，统一出一个处理方法，并将其放在这一业务的任何场景中。这样，当这项业务遇到简单的问题时，如果还按照这一统一处理方法，就会绕很大的弯，这无疑给企业增加了处理问题的难度和成本消耗。因此，针对不同的工作场景，为一项业务设计不同的处理方式，可以让作业流程更加灵活。效率也自然会提高，工作也会变得更加简捷。

（5）模糊组织界限

传统工作流程组织中，各个部门严守自己的工作范围，使得企业不得不为了协调关系专门展开协调工作。但应用新的管理技术，这些组织界限会变得模糊起来，甚至完全消失。这样不仅降低了营运成本，而且可以利用强大的市场信息网络，让系统自主协调销售和库存。这样就免除了企业的很多协调工作。

要准备数个流程的新改进方案，技术、成本、收益和风险都是重要的评估项目，一定要选择具有较强可行性的方案。

3. 配合流程改进方案，其他规划也要统一设计

一个作业流程的操作离不开其他方面的配合，比如组织结构、人力资源的配置和业务的规范化处理，甚至要让企业文化为其担保。因此，流程改进只是核心，以它为中心的系统改造，也要有一套健全的方案，才能帮助企业实现想要的结果。

4. 不断改善实施方案

新方案的实施必然会对企业的利益格局造成一定影响，所以在实施的过程中，一定要谨慎慢行，通过精心的计划按部就班地一步步推行。既要顶得住压力，坚决执行；又要配合宣传，企业上下达成共识。这样，再造方案才会顺利施行。

新方案顺利施行，并不代表企业就可以停止再造。时代变化是在日益加快的，任何时候都会出现新的挑战，因此企业要不断观察市场变化，并作出适应新环境的调整。

关于教练技术

传统管理者和“教练”式管理者的不同

二者之间的不同，主要体现在以下几个方面。

传统管理人员：更多的时间都在对员工说；和员工之间会保持一定的距离；会将公司的发展方向告诉员工；确定工作考核标准，和员工一起设定员工的年度工作目标；设置不同的岗位，积极招募新人；合理给下属分配任务，适当授权；会向下属传达自己对他的期望，会将没有完成目标可能产生的后果直接告诉下属；重在工作任务，管理以结果为导向；问题出现时，会帮助下属寻找解决问题的方案。

“教练”式管理人员：会花费较多的时间来聆听员工；和员工保持着密切的关系；了解每位下属的工作风格、优缺点和个人对职业发展的期望；会帮助下属在新的工作环境中有效使用以前工作中积累的技能；会发挥和提高下属的优势项，帮助下属充分将潜力挖掘出来；帮助下属找到新的工作策略，提高下属的创业精神和思维能力，提高下属的学习力；提高团队合作意识，提高员工的集体荣誉感，激励个人工作更加积极努力。

第十章 好教练能改变员工的一生

教练比领导者担负更重要的责任

在总结一个人为何成功时，大多数人会谈及智商、自控力、组织协调力和沟通能力等，但很容易忽视最重要的一点：责任。责任才是一个人成功的决定因素。

吉埃丝是一名美国记者。有一次，她到日本东京看望婆婆，准备买一台唱机作为见面礼，于是她到了奥达克余百货公司，挑好款式，售货员礼貌地把一台未拆封的机子给了吉埃丝。

吉埃丝本来对售货员的印象很好，但令人恼火的是，她回家发现这台唱机就是一个空架子，没有一个内装零件，根本没法使用。吉埃丝一怒之下写了一篇名为“笑脸背后的真面目”的新闻稿，并决定第二天到百货公司交涉。

可没想到，第二天一大早，奥达克余百货公司就派人来到了她家。公司总经理和职员拎着一个大皮箱，面对吉埃丝不停地鞠躬、道歉。吉埃丝却被他们弄得一头雾水。经过经理的讲述，吉埃丝终于知道在十几个小时里，他们完成了一件多么了不起的事。

原来，前一天下午吉埃丝走后，职员发现给客人发了一个空心样品，总经理立即召集所有人，根据吉埃丝的名字和一张美国快递公司的名片，展开了大海捞针式的搜寻行动。

他们先向东京的各个宾馆打了32个紧急电话；一无所获之后，又给美国快递公司总部打电话，终于在深夜得到回复，查询到了吉埃丝父母家的电话号码；他们立即给美国那边打电话，从而得知吉埃丝在东京的住所和电话，于是便在这天早上，出现在她面前。

在这期间，奥达克余百货公司的职员在十几个小时中总共打了35个紧急电话。总经理再次向吉埃丝表示歉意，并且附送了一张唱片和一盒蛋糕，诚挚地道歉后才离开。吉埃丝由最初的愤怒转而变成感动，她决定重写新闻稿，并把题目改为“35个紧急电话”。

责任意识是很多企业非常容易忽视的，像这样有如大海捞针的行动，通常都非常困难，如果不想及时纠正错误，会给企业带来灾难。在今天的市场中，谁拥有更强的责任感，敢于承担自己的错误，把客户放在第一位，谁就能获得竞争的胜利。

对于个人来说，做事专注、刻苦，就是有责任心的重要体现，甚至可以被看作一种能力。领导者如果具有强烈的责任心，就能更好地履行自己的职责，带领团队完成一项又一项任务，无论是否困难，他们一定会带领企业向前发展。

一个人从出生的那天开始，就背负起了大大小小的责任：儿童期我们负责健康成长，少年期我们负责学习知识，青年期我们负责提高自我，壮年期我们负责成家立业，老年期我们负责传授经验。面对人生的每一件事，都需要责任心，工作亦是如此。对工作有责任心的人，才会勤于学习新知识、掌握新技能。因此，每一位领导者，都应具备工作责任心。

责任标志着一个人的成熟。人们都会信赖有责任心的人，并对他委以重任。对父母负责，才称得上是好子女；对工作负责，才称得上是好员工；对国家负责，才称得上是好公民。一个对公司负责的领导者，才称得上是好领导者。

好教练是员工一生的标杆

身为公司领导者，你是否想过这些问题：

①为什么有些公司的员工，即使没有加班费，也心甘情愿地辛苦加班?

②为什么有些公司领导者，他制定的目标，会让所有员工全力冲刺?

③为什么有些公司，总有那么多员工，愿意奉献自己全部的力量，毫无保留?

很多人都被这三个问题困扰，最终得出了一个让人意想不到的答案：员工的表现，完全是因为领导者。其中，只有1%依靠的是行使权力，而剩下的99%，全部是因为领导者的个人魅力。领导者自身的言语和行为，是他个人魅力的最集中体现。

有句古话说得好："己欲立而立人，己欲达而达人。"意思就是要我们推己及人，自己愿意做的，才可以让别人去做；自己能做的，才可以要求他人也做到。作为成功的团队领导者，要亲自为员工树立榜样，给员工提供一个效仿的对象，和员工更亲近，不断提高公司的凝聚力。

"火车跑得快，全靠车头带。"领导者就是团队的车头，手下的员工劲要往哪儿使，路要往哪儿走，全凭领导者的带领。由此可见，领导者对团队来讲，具有相当重要的作用。每个团队都需要一个以身作则的领导者。

巴顿是第二次世界大战期间有名的将军，有一次他带领部队行进，汽车突然在半路陷入了泥潭。巴顿将军二话不说，向车里的士兵喊道："你们这些混蛋愣着干什么？都给我下来，快去推车！"

听到命令，所有人立即下车，齐心协力一同推车。当车子终于从泥潭中推出来后，一个士兵一边擦着自己身上的污泥，一边四处张望，召集同伴上车。就在这时，他忽然发现，巴顿将军竟然也和他一样，满身污泥地站在车子后面。原来，将军竟然亲自过来推车。这个士兵一直将这个画面铭记在心。

在巴顿将军去世后，这名士兵出席了葬礼。面对巴顿的遗孀，他提起这件往事，表达了自己最诚挚的敬意："因为将军，我才能在战场上坚持到最后。他是值得我们所有人敬佩的榜样！"

军队只是一个缩影，任何组织都需要这样的榜样人物，团队的领导者就是榜样的担当。用行动说话，胜过一切言语。

员工能竭尽全力地为一家公司工作，不仅仅是因为薪水，更多时候领导者的魅力是他们付出的动力。能够赢得人性的领导者，才能激发大家的勇气和力量。有一位优秀领导者的员工，会把领导者当作职场的引路明灯；这样的领导者散发出的光和热，吸引着员工不停奋进。这种强大的威严和魅力，是每个优秀的领导者都应该具备的。

汤姆斯·约翰·沃森，在任美国IBM公司总经理时，就是公司制度的严格执行者。一次，他带着重要客户去厂房参观，却在门口被警卫拦下："对不起先生，根据规定，只有佩戴蓝色识别牌的人，才能进入公司厂区，粉红色是行政员工的标志，我们不能允许进入。”

在一旁的助理急了，对警卫叫道：“你不知道这是公司总经理吗？今天他陪同的是重要客户。”警卫并没有被助理吓倒，反而严正答道：“公司的规定必须严格执行，我不能放你们进去。”

结果，汤姆斯·约翰·沃森并没有责怪警卫，而是笑着说：“他说得很对，快去换一下识别牌。”接着，随行的所有人都把识别牌更换成蓝色的。

领导者只有做到对自己严格要求，才能让下属心悦诚服，树立起身为领导的威严，团队凝聚力才会更强。

有时候，领导者的个人魅力会超过权力的作用。当今企业，领导者甚至可以为自己代言、为公司代言，成为团队价值的灵魂，成为员工的精神标杆。正如汤姆斯·约翰·沃森把IBM的管理层，全部染成“蓝色”一样，领导就是指导，指导员工遵守组织的要求，完成一项项任务，最终达成统一步伐，形成步调一致的强大团队。

规则不能成为一纸空文，它既要约束员工，也要约束领导者。一个连领导者都不遵守规则的团队，其中的成员又怎么会按照规则工作呢？最不容易遵守制度的，就是制定制度的人，通常是那些高层的领导者。就像“上班不准迟到”的规定，有多少公司老板，是严格按照规定时间准时上班的？如果团队的精神领袖，都没有秉承团队的意志和精神，那么员工也不会贯彻团队的精神。规则就是铁的纪律，定下的规则，不分你我，必须坚决执行。

每个公司都不乏这样那样的规则，但如果上层管理者缺乏以身作则的态度，就会使规则变成空谈。领导者永远要走在团队的前方，为员工树立起一个不倒的标杆，让他们找到方向，找到榜样，找到动力。如

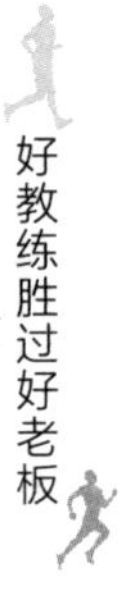

此，团队必然会阔步向前。中层管理者，同样要以身作则，你们不只是团队的带领人，更是团队的指挥者。

好教练让员工具有更强的追随力

在法国的民间，流传着这样一个故事：

三个又累又饿的士兵，在一场大战中和大部队走失。他们在陌生的乡间田野中，走了一天一夜，没有遇到任何人家。

忽然，三个士兵发现不远处有村庄的影子，于是兴奋战胜了疲惫，大步向村庄走去。然而，村民很害怕士兵，以为他们要扫荡这里。于是，大家把家中仅有的一点点粮食都藏了起来，假装自己也是饥寒交迫。三个大兵希望落空，一无所获。

这时，一个士兵灵机一动，向村民宣称自己会用石头煮汤，而且鲜美无比。好奇的村民搬出大锅，并给士兵生起了火。士兵找来一堆石头，放在滚烫的水中煮了半天，然后用勺子舀了一勺，喝下去之后，赞不绝口："啊！好久没喝到这么鲜美的石头汤了呀！"

围在旁边的村民也不禁想要尝尝，士兵却说："不过，少了一些佐料，味道还是差了些，你们有没有胡椒、盐之类的佐料？"村民们也想喝到鲜美的石头汤，于是纷纷拿出佐料，交给士兵。

后来，士兵指导村民，从他们的家里拿来许多食材：土豆、洋葱、胡萝卜和牛肉等。于是，士兵做出了更加鲜美的"石头汤"。一些村民为了丰富这顿晚餐，还拿出牛奶和面包。最终，三个士兵和村民们一起享用了一顿丰盛的大餐。

当然，我们可以从很多角度去理解。但从领导者角度来讲，这就告诉我们，无论遇到多么困难的境遇，领导者要有绝处逢生的能力，领导团队突出重围，获得新生。在几乎不可能的情况下，制作出一锅美味的“石头汤”。

简单地说，能够折服追随者的，是领导者过人的胆识和临危不乱的定力，是能够带领他们披荆斩棘的领导力。这些不但是领导者的个人魅力，也是团队必不可少的精神动力。

李嘉诚在给青年企业家总结管理经验时明确指出：如果你的目的是做公司老板，很简单，依靠专业能力和天赐机遇，巩固你的地位和权力；但如果你的目的是做企业领袖，则要依靠自己的人格魅力以及强大的号召力。

因此，领导者的能力，不能凭借权力的大小，应该凭借的是人格魅力。品德、性格、素质、工作方式和作风，把这些个性化的特征有机地整合起来，才会形成一个具有人格魅力的优秀领导者。权力，只会让领导者处于被动。

每个身在职场的员工，都会慎重考虑是否要追随一位领导者。那么，怎样才能成为值得员工追随的好领导呢？我们在下面给出十条参考意见。

1. 为下级提供发展机会

只关心业绩的领导者，不是一个称职的领导者。好的领导者，会关心员工的个人成长，注重培养他们的专业能力以及业务水平。试想，一个只给员工制定业绩目标，而不过问他们工作困难的领导者，会给员工带来怎样的影响？他们会认为自己不受重视，从而消极怠工，甚至辞职跳槽。而主动帮助员工进步的领导者，会获得员工的爱戴和拥护，团队的发展也会更加快速。

2. 有明确的行动目标

很多人都知道，目标是一个团队前进的方向，领导是团队的灯塔。因此，领导者只有明确团队目标，才能带领团队成员走在正确的路上。否则，领导者隔三差五就想出一个新方案、新想法，或是让员工在不可能的时间完成任务，就会给整个团队造成混乱。

这样，不仅耽误项目进度，而且会造成人心涣散，影响团队效率。好的领导者，一定会给团队成员指出明确的目标，并在他们需要时给予必要的支持和帮助。

3. 允许员工犯错误

领导者的另一项职责，就是挖掘员工潜能。在领导者身边，不可能出现“全才”，每一个员工都有最擅长和最不擅长的事，都会有意想不到的潜力。作为领导者，你要具备发现的慧眼，也要拥有允许他们犯错的胸襟，并从中找出他们的闪光点，激发潜能，这样才能促进团队的整体提升。

实践是最好的培训，允许员工犯错误，就很容易发现他们的短板和长处，找出正确的发展方向。与此同时，员工也会培养起责任心，会更积极谨慎地对待自己的工作。

4. 习惯良好、兴趣广泛

从表面上看，个人生活习惯和兴趣爱好，好像与工作无关，其实恰恰相反。一个拥有良好习惯，并且兴趣广泛的人会更懂得如何跟员工沟通，懂得如何帮助他们缓解工作压力，提高工作效率。这样的领导者不会把员工当作工作“机器”，他们会让员工体会到工作的乐趣，从而激发他们对工作的热情。同时，这类领导者个人的生活态度，也会形成他们的个人魅力，为员工做出积极的示范。

5. 会总结成功经验

心理学告诉我们：成功自有惯性。越是经历过成功的人，就越容易成功。经历过多次成功的领导者，会总结成功经验的领导者，会获得更多的信赖，员工也更愿意追随于他。而且，经验丰富的领导者，其领导才能也会高人一筹，他所带领的团队也会比其他团队更有竞争力。

6. 懂得舍与得

懂得“舍”与“得”这两者关系的领导者，会把团队的利益放在第一位，所做的决策也会围绕员工的利益。因为他清楚，员工是部门利益的共同体，部门生存根本上要看员工利益。员工把部门当作家，部门才能持续发展，部门的凝聚力也会进一步增强。聪明的领导者，会抛弃那些旁枝末节，牢牢守住员工利益，最终会使团队合二为一，同舟共济。

7. 权利收放自如

集权和放权是领导们十分在意的事情，精通管理的领导者通常都懂得抓大放小、下放权力、控制过程。在这些领导者手下，员工能够放开手脚，自由施展才华，找到机会提升自己的工作能力。同时，领导者也可以通过监管过程，看到员工的成长，实现“远程监控”，从整体上宏观协调。对权力收放自如的领导者，会适当地给予员工信任，并不放弃指导和帮助员工的机会。

8. 处理事情公平、公正

公平和公正，是任何组织中的领导准则。身为团队领导者，兼听多方意见，是领导者必备的品质，这是获得员工支持和信赖的最基本法则。遇到这样的领导者，员工不会为得不到公正待遇而分心，也不会怕劳动成果得不到肯定而消极，这样的团队才能产生良性竞争。

9. 拥有宽广的胸怀

拥有宽广胸怀的领导者不会把员工牢牢绑在自己的团队中，而会尊重他们的选择，充分为他们提供提升和展现的空间，也不会因为某些因素害怕员工流失。这样的领导，往往更具有凝聚力，更容易吸引员工，成为忠诚的追随者。这类领导懂得“投资”员工，员工也会用忠诚回报领导。

10. 表里如一、不虚伪、不做作

每一个员工，都喜欢敢作敢当、表里如一的领导者。面对风云变幻的职场，员工最希望跟着一个可靠的领导者做事，领导者的真诚和守信是他们最好的定心丸。

不仅如此，言行一致、不虚伪、不做作的领导者，也会把正能量传递给员工，为团队营造积极向上的氛围，员工的职业修养和道德也会随之得到大幅度地提升。团队的每一个人，都会成为和领导者有相同职业品格的人。

好教练让员工拥有远景和梦想

在一本书上，曾经读过这样一个故事：

魔术师查理居住在一个小城里，城里人的生活都很清贫，但为了让人们不那么苦闷，查理用自己的魔术表演为小城居民带来了一次次的欢乐。

每天晚上，人们忙完了家务，就会来到小城中的大剧场，看查理表演魔术。虽然，人们都知道魔术是假的，但他们还是喜欢看，所以每天剧场里都坐满了人。查理总能变出精彩绝伦的魔术，其中最让人津津乐道的，就是变不可能为可能。

比如，查理从一侧的白布下消失，很快又从另一侧的白布后面出现；再比如，查理把人悬在空中，周围没有任何遮挡。观众们每天都要问查理，这些事情都是怎么做到的，查理总是笑而不答。

查理渐渐上了年纪，为了继续给小城居民带去欢乐，查理找了个接班人——小报童比尔。老查理把他的魔术全都教给了比尔，比尔学得很快，每次登台都会获得观众的赞许。时间久了，比尔的魔术手法进步飞快，甚至比老查理还引人入胜，小城居民的生活也更加丰富有趣。

后来，人们每天都缠着比尔，要求他说出魔术的奥秘。比尔觉得身为演员，满足观众的需要是最重要的。于是，比尔不顾老查理的反对，在每天表演结束后，都会给大家揭开魔术的秘密。

大剧场比以前更红火了，小城居民纷纷挤进来，终于知道老查理多年来的魔术秘密：快速移动是因为镜子挡住了暗道；悬在空中的人，提前在身上绑了一条透明的钢丝线。因为比尔的揭秘，大剧场火爆了好几天。比尔高兴地把演出成果告诉老查理，但老查理一点也不高兴，只是不停地摇头叹息。

比尔依然在每天晚上向大家表演揭秘，但是渐渐地，出现在剧场的观众越来越少，到最后甚至没有人再来剧场。而且，小城居民不再像过去那样快乐，笑容也一天比一天少。

终于有一天，比尔问老查理，为什么人们都不再喜欢他的魔术，都不再充满欢乐。老查理语重心长地说："魔术的神奇之处，就是给观众编织美好的梦境。你揭秘了魔术，就等于是打破了他们的梦想。没有梦想，人们只能被眼前的现实压垮。"

通过这则故事，我们可以清楚地看到：梦想带给人希望，给人以克服现实困难的动力；没有梦想，人们就会失去方向，对生活充满疑惑。因此，有希望才能有追求，有追求人生就会有价值和意义。

作为企业文化的一部分，企业愿景是引领企业发展的关键。好的企业愿景，不仅能够将员工的工作潜能激发出来，还可以促使他们围绕既定的目标奋斗。那么，如何才能为员工塑造好的企业愿景呢？

1. 制定清晰可视的愿景

愿景是人们所向往的美好前景，应当是能够联想、描绘出来的。当员工看到相关的文字表述时，可以在脑海中呈现出清晰、具体的图景，自发地产生一种尽快实现愿景的思维冲动；如果愿景不够清晰、具体，无法实现这一点，是无法将企业愿景的激励作用发挥出来的。

2. 制定适度的愿景

好的企业愿景可以给员工带来希望和憧憬，其描绘的图景必须是员工经过劳动实现的。如果将企业的愿景确定得太高，是无法有效执行的；如果定得太低，员工不费多少力气就可以实现，也是无法达到企业愿景的激励作用的。只有制定一个适当的愿景，才能将员工的积极性充分调动起来。

3. 关注员工利益

如果制定企业愿景的时候，忽视了员工的合理利益，员工就会对自身努力的价值产生质疑，工作的主动性和积极性也会随之降低，更别说创造性了。

另外，如果企业的愿景目标实现了，而员工的合理利益被打折兑现，很容易伤害到员工的情感，如此就会对今后的工作产生较大的负面影响。因此，构建企业愿景时，要充分考虑企业和员工的实际情况，将员工的合理利益诉求也考虑进去。

4. 对目标进行有效细分

企业愿景与企业发展战略有着密切的联系，愿景为发展战略提供了蓝图，发展战略则是企业愿景的具体化和阶段化体现。制定的企业愿景能否为企业发展战略提供方向和指导，关键还要看它能否将目标进行细分和具体化。如果企业愿景模棱两可，没有形成可执行的细化措施，企业愿景也会成为一纸空文。

领导者只给员工工资，教练给员工的是前途和命运

有发展前景的工作，才能激发员工的事业心，进而留在公司。管理的最高境界，就是让每一个员工自愿成为领导者的同路人，在其带领下朝着共同的理想迈进。

任何一个员工，都希望自己从事的工作有前途。公司的领导者要给员工一个长期的经营目标，拒绝时效短的经营行为，让员工心中对企业有信心。当员工对企业未来发展充满信心时，就要告诉员工，企业有哪些优势和战略，能够达成的未来目标是什么。

如何实现这一点呢？关键是要让员工个人的事业规划和企业的发展轨道形成完美契合，让员工的能力成为企业的动力。企业的经营，一定要走向理性化，规划出一套长远的发展方案。

很多领导者面对缺乏事业心的员工，总是一筹莫展。其实，有些时候不是员工没有事业心，而是企业没有给他们一个有希望的前景。特别是一些刚起步的中小企业，领导者没有明确的发展目标，很容易使员工丧失对企业发展的信心。

有潜力、有发展的企业，其员工也常常会充满信心和干劲。反之，员工就会对企业发展担忧，进而为自身的事业担忧；或者，对企业的前

景抱以悲观态度，从而影响正常工作，总是想着混一天是一天，甚至寻找跳槽的机会。如果员工长期存在这样的心态，对个人事业和企业未来来讲，都是相当危险的。

那么，如何才能让员工充满工作希望和动力呢？要让员工知道企业明确的发展方向、战略规划，为他们勾勒出企业的未来愿景，并把员工包含在愿景之中，让他们看到自己的价值。这样，就可以提高员工的工作热情，他们也就愿意为共同的理想而奋斗了；否则，情绪低落的员工是难以做好任何工作的。

所谓愿景，并非命令，而是承诺。企业虽然不能掌控所有风险，但这一共同愿景会成为所有员工为之努力的方向，并动员一切资源和能力，帮助企业渡过一道道难关。

1. 共同愿景孕育创造力

共同愿景会在全体成员中形成一股向心力，为了实现共同目标，企业员工会自发调动一切聪明才智，完成每一个任务、解决每一个难题。一旦形成了良好的工作氛围，每个人的潜力都会得到最大限度的发掘。

同时，员工会不满足于现有的状态，他们会自觉追求更高的目标。这种目标，会深植于企业的共同愿景中，不断地进化提升，把企业也推向新的高度。

2. 共同愿景激发驱动力

有理想，才有动力。把共同愿景当作企业的动力，是领导者最英明的做法。当全体成员，都有共同目标的时候，他们就会为自己寻找合适的位置，发挥出自己最大的能力，把对目标的追求转化成强大的工作动力。

一个上了弦的企业会得到源源不断的发展动力。事实证明：勇于进取的力量达到一定程度，会突破保守力量的束缚，推动企业向前发展。

所以，共同愿景会指导员工排除万难，向着正确的方向，直达成功彼岸。

3. 共同愿景创造未来

共同愿景，必须体现所有人的愿望，并关乎所有人的利益。它会为企业未来提供成千上万个机会，也会凝聚成千上万个个人力量。企业未来就是靠这样的愿景，一步步实现进步和升华的。

总之，企业要拥有凝聚力，理想是必不可少的要素。关键是，要让企业的发展之光照进每一个员工心中。

关于教练技术

导师和教练的区别

在管理企业的过程中，制定教练制度是非常关键的。可是，在这个过程中，首先就要注意导师与教练的区分——在组织中两种不同的管理手段。

1. 关注点不同

导师不会正式地、只会非正式地专注于员工个人的发展，为员工个人的成长提供多方面的支持；而教练则会专注于员工的工作和个人行为。

2. 扮演的角色不同

导师的辅导是自由的，双方的关系是轻松的和非正式的；导师是工作的促进者，允许员工朝着自己的方向发展；导师是朋友，是知己。而教练经常会设定一个具体的安排，去推进或改变技能和行为。

3. 和员工的关系不同

在正式的辅导项目中，导师和员工也是有选择的，比如，是否继续？时间多长？重点是什么……自我选择和非正式辅导是导师与员工之间的亲密关系以及维持这种关系的规则。

在一个企业里，教练会为员工设定一定的工作期望，员工与教练的关系是因工作而来的，没有权利选择。

4. 对下属的影响力不同

导师和教练对下属的影响力是不同的。教练有一个隐含的或实际权利上的立场，需要坚持和遵守；导师的影响力可以把个人的感觉价值带入到导师和员工的关系中，导师和员工之间的关系是相互尊重的、相对比较自由的。

5. 回报不同

教练的回报形式大多数都是团队和谐、工作业绩好；而导师的辅导关系则是互惠的，员工的反馈意见和见解对导师来说也是一种学习。

教练式管理的首要作用就是帮助员工挖掘潜能、突破自我，教练式管理的艺术就在于能察觉到员工最大的潜能，而不是把员工局限于最低的可能性中。

附　录

1. 如何可以更有效地领导企业团队

（1）目标清晰

____

（2）意向强烈

____

（3）计划完整

____

（4）行动迫切

____

（5）调适心态

____

（6）修正行为

____

（7）面对事实

____

（8）自律坚持

____

2. 如何制订实践宣言计划（素质管理实践阶段）

成功非偶然！要实现理想，除了清晰的目标之外，还需要一个有方向、有策略的计划。

步骤一：清楚自己的愿景

认真地问一问自己：我真正想要的是什么？

在生活中的不同范畴中，我想达到的目标是什么？

我想做些什么？

我想拥有什么？

我想贡献什么？

我想我的企业如何？

我想我的团队如何？

我想我周围的环境是怎样的？

我想自己有什么不同？

我想成为一个怎样的人？

选择下表不同的范畴，写下自己最想要达到的终极目标：

范　畴	目　标（远期）
事　业	
家　庭	
健　康	
人际关系	
财　政	
人才培养或其他	

步骤二：目标、行动、成果

在每个范畴中，列出未来 3 个月你想达到的目标和相关联的行动与成果，并清楚每一项行动所针对的是哪一个目标。

步骤三：未来 3 个月的目标、行动、成果列表（如下表）

范畴	目标	行动	成果
事业	提升公司形象与口碑，为打造企业品牌做准备	提升产品质量；加强客户服务；加强员工专业技能；公司全体电脑化、信息化；重新定位企业形象；植入教练文化；推进 ISO（国际标准化组织）进度	客户满意度超过95%；公司 CI（企业标志）确定；ISO 通过初审工作
	开拓新的市场，提升公司总的业绩	推出新产品；制定新的业务策略；委派代表跟进重点客户；增开两间分店；打开山东地区市场；招聘业务员	新业务增加 200 万元销售额
	创造团队精神	团队建设；增加团队培训；与员工定期开会；组织联谊活动；设定奖金制度；创办内刊	员工相互沟通，有归属感，季度员工流失率减至5%
家庭	略	略	略
健康	略	略	略
人际关系	略	略	略
财政	略	略	略
人才培养或其他	略	略	略